LES MÉTIERS DES LANGUES ET DE L'INTERNATIONAL

SOMMAIRE

LE SECTEUR EN BREF

OUTRE L'ENSEIGNEMENT, LA TRADUCTION ET L'INTERPRÉTATION, DES OPPORTUNITÉS EXISTENT, NOTAMMENT POUR LES COMMERCIAUX. À CONDITION D'ÊTRE OUVERT ET MOBILE.

Une large palette de métiers

Le point commun entre un interprète, un diplomate, un enseignant d'anglais et un acheteur à l'international ? La pratique quotidienne d'une ou deux langues étrangères ! Pour ceux qui choisissent cette voie, le dénominateur commun reste un réel intérêt pour les langues et pour les autres cultures. Passé ce constat, les compétences professionnelles, le type d'employeur et les missions varient énormément selon que l'on exerce dans la formation, la traduction, l'interprétation, les relations internationales, le commerce ou le tourisme... Des champs d'activité très divers. ■

Des débouchés inattendus

Chaque année, de nombreux diplômés en langues entrent sur le marché de l'emploi. Certains sont issus des filières universitaires ; d'autres ont suivi un cursus en école spécialisée ; d'autres encore sortent d'écoles de commerce toutes portées vers l'international... la concurrence est rude ! Certains domaines recrutent plus que d'autres. Les opportunités d'emploi sont plus nombreuses pour les commerciaux que pour les traducteurs ou interprètes. Ces derniers débutent lentement et doivent s'armer de patience pour se faire une place. L'enseignement offre des perspectives intéressantes, sous réserve de réussir le concours de recrutement, et cela varie beaucoup d'une langue à l'autre... ■

Le niveau bac + 5, souvent requis

D'une manière générale, pour qui aime les langues, point de salut sans une solide formation... Bac + 5 est ainsi le niveau exigé pour devenir enseignant, diplomate, consultant, interprète, traducteur... Dans certains cas, il faut en outre réussir un concours. Dans le commerce international, inutile d'espérer un poste à responsabilités sans un bac + 5. Il en va de même si l'on souhaite devenir acheteur international ou logisticien. Les doubles cursus sont très appréciés. Il est toutefois possible de débuter sur des postes d'assistant, avec un BTS (bac + 2) et/ou une licence pro (bac + 3). Reste le métier de guide-conférencier, qui nécessite un niveau bac + 3. ■

LES LANGUES, A QUOI ÇA MÈNE ?

Vous êtes fort en langues étrangères ou désireux de travailler avec cet outil. Quelques pistes pour choisir un métier selon vos goûts.

J'ai le sens du contact

→ Assistant de direction trilingue
→ Chargé de communication
→ Formateur en langue
→ Interprète

J'aime approfondir un sujet

→ Expert, Consultant
→ Interprète de conférences
→ Journaliste à l'étranger
→ Traducteur technique

J'ai le sens des affaires

- Commercial export
- Juriste international
- Logisticien international
- Responsable marketing

J'ai envie de voyager

- Assistant de français à l'étranger
- Acheteur international
- Chef de produit touristique
- Diplomate

J'aime transmettre une culture

- Guide-conférencier
- Traducteur audiovisuel
- Traducteur littéraire
- Professeur

RETROUVEZ LES MÉTIERS EN PAGE 18

DANS LES COULISSES
DE DISNEYLAND PARIS

LE MONDE À SA PORTE

Photos : Grégoire Maisonneuve

Il y a 20 ans, le plus grand parc d'attractions d'Europe prenait ses quartiers à quelques kilomètres de Paris. Depuis, 16 millions de visiteurs venant de toute l'Europe s'y pressent chaque année. Ici plus encore qu'ailleurs, les langues étrangères sont au cœur de l'entreprise Disney. Sur le parc, bien sûr, où le contact se fait avec les visiteurs, mais aussi dans les bureaux. Au total, une centaine de nationalités sont représentées parmi les 15 000 employés. Et pour les Français, il est conseillé de pratiquerau minimum l'anglais, qui prédomine. Communication, service juridique, traduction… les employés de Disney œuvrent à la réussite internationale de l'entreprise.

COMMUNICATION

Presse, public, institutions... le service communication doit faire parler de l'entreprise Disney, et par-delà les frontières ! Dans ce domaine, la spécialité de **Mathias Dugoujon, chargé de communication,** c'est l'e-réputation. Sa mission : promouvoir l'entreprise sur les médias sociaux. *« En tant que community manager sur Twitter et YouTube, je dois créer du contenu écrit et de la vidéo en français et en anglais, car notre public est européen ! »*

C'est à l'occasion des 20 ans de Disneyland Paris que Mathias a soumis l'idée d'un livre dédié au parc. *« J'avais envie de proposer quelque chose de sincère et d'ouvert sur l'entreprise... Je collectionne les livres consacrés à l'univers Disney, et le dernier livre sur Disneyland Paris remontait à 2002. »* Son projet retenu, Mathias s'est retrouvé chef de projet d'un livre à développer en français et en anglais, clientèle européenne oblige !

MERCHANDISING

Des costumes aux sucreries en passant par les figurines, au service merchandising, l'objectif est de développer les différents produits vendus exclusivement sur le parc. **Sonia Demay est chef de produit** papeterie et multimédia. Une coque de téléphone en forme de personnage Disney, des stylos à l'effigie des princesses, tout cela, c'est à elle qu'on le doit ! Trilingue (anglais, français, espagnol), Sonia est au quotidien une « dénicheuse de tendances ». Un rôle qui l'a conduite à l'étranger, sur des marchés professionnels, pour trouver des idées de produit.

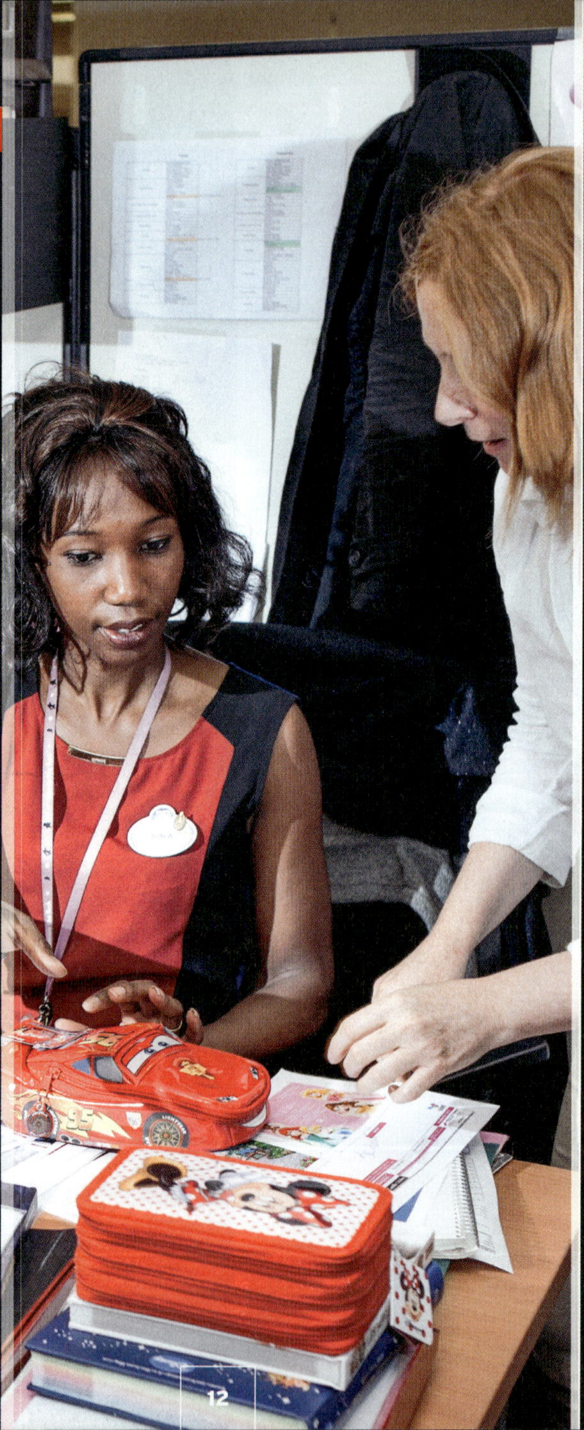

Dans ses échanges avec la Walt Disney Company ou avec les fournisseurs, **l'anglais fait partie de son quotidien.** *« Je travaille beaucoup avec des fournisseurs de matières premières pour fabriquer les produits en Inde, en Turquie ou en Grèce, et les échanges se font exclusivement en anglais. »*

Le livre n'étant vendu que sur le parc, c'est avec Sonia que Mathias a dû penser ce dernier dans sa globalité, en ne perdant pas de vue la clientèle internationale. *« Nous avons notamment travaillé ensemble sur les thèmes abordés et la couverture. Il fallait garder à l'esprit les tendances et le public ! »*

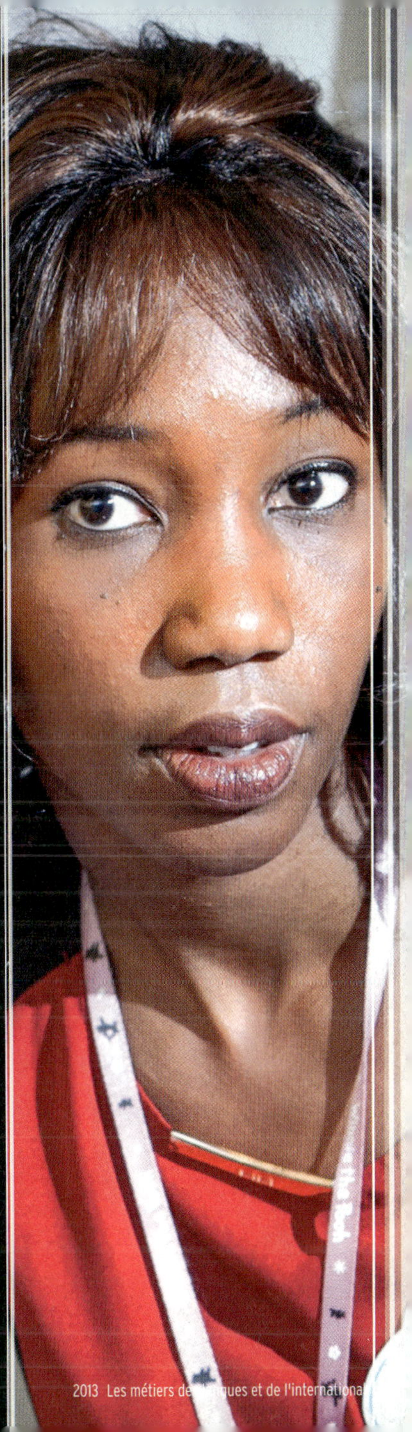

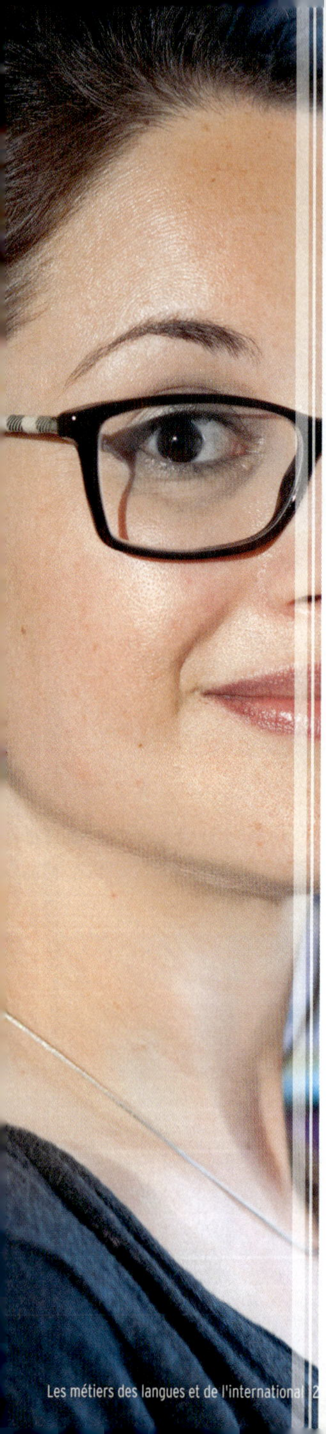

JURIDIQUE

Pour élaborer son livre, Mathias a dû se rendre aux États-Unis afin de sélectionner des images d'archives. Un livre où apparaissent aussi de nombreux *cast-members*[1]. Autant de droits à vérifier, voire à renégocier. Un travail fait en collaboration avec **Céline Nahmany, juriste** spécialisée en propriété intellectuelle. Contact avec la Walt Disney Company pour les droits sur les personnages et les droits des tiers, rédaction et négociation de contrats, le tout en anglais. La langue fait partie intégrante du quotidien de la juriste. *« Lorsque l'on s'apprête à diffuser, par exemple sur Internet,* le making of *du spectacle Disney Dreams, il faut que je m'assure auprès des États-Unis que nous avons bien tous les droits. »*

1. cast-members : employés.

À quelques mètres de là, **Lidia, assistante trilingue** du pôle « Immobilier, construction et environnement » du service juridique, est en ligne avec la Walt Disney Company, aux États-Unis. Gestion des agendas des juristes, mise en page de documents, rédaction de courriers, présentation de dossiers et élaboration de tableaux de bord sont au cœur de son métier. *« Lorsque le chef du service juridique américain se déplace jusqu'à nous, c'est à moi d'organiser sa venue avec les autres assistantes. »*

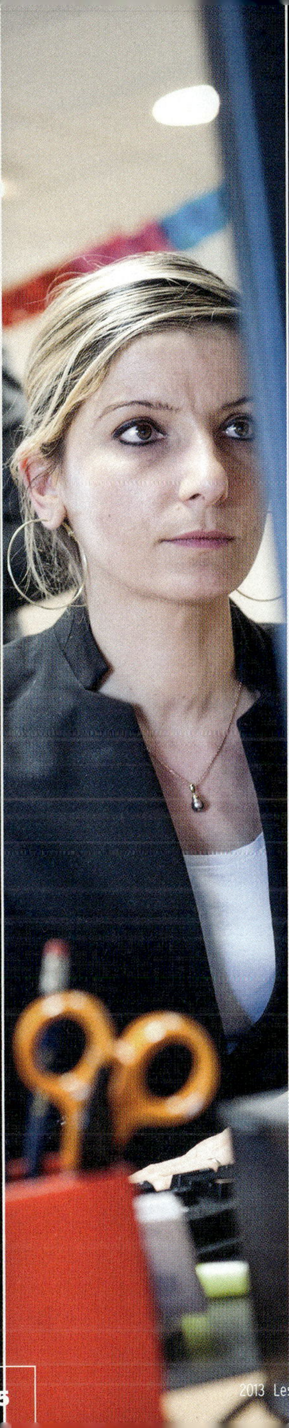

Une partie du livre étant consacrée au projet de « Villages nature » prochainement installés à proximité de Disneyland Paris, Lidia a souvent été en relation avec Mathias pour faire le lien avec les juristes compétents en la matière.

L'espagnol, Lidia a aussi l'occasion de le pratiquer, même si c'est de manière plus épisodique. Un juriste vient d'ailleurs lui demander de vérifier un document traduit en espagnol. *« Nous avons également un bureau de vente à Madrid,* souligne-t-elle, *avec lequel j'entre en contact lors de la venue de leur personnel. »*

TRADUCTION

Vendu sur le parc, où les visiteurs sont majoritairement étrangers, le livre se devait d'être proposé en français et en anglais. Un « 2 en 1 », puisque à chaque page de texte en français lui répond, en regard, son équivalent en anglais. Un gros travail de traduction, auquel a collaboré en partie **Héléna Sarmiento Verdier, traductrice.** *« Je travaille de l'anglais vers le français. La préface et la post-face du livre ont été rédigées aux États-Unis. Il s'agissait pour moi de garder le même ton, le même style et les mêmes tournures de phrases. »*

Au quotidien, Héléna travaille principalement avec le service communication pour traduire tous types de supports (dossiers et communiqués de presse, discours…) venus de la Walt Disney Company. *« Je m'appuie sur la base terminologique qui reprend la nomenclature officielle des produits Disney. Je l'alimente moi-même avec des termes qui concernent les productions du groupe. »* Bien que toujours liées aux activités de Disney, les missions de la traductrice demeurent variées : dossier sur les espaces verts, notice d'entretien pour les attractions… ce ne sont pas les sujets qui manquent !

Piloté par Mathias, le livre *20 ans de rêves* mis en vente dans le parc en avril 2012 rencontre un réel succès, au point d'être régulièrement réédité. Fort de cette expérience, le jeune homme réfléchit déjà à un autre projet de livre. Un nouvelle aventure qui se déclinera peut-être à l'international..

MÉTIERS

Analyser, communiquer

© MONKEYBUSINESSIMAGES / ISTOCKPHOTO

Spécialistes d'un domaine, ils mettent leurs compétences linguistiques et leur connaissance des autres cultures au service de multinationales, d'organismes internationaux...

Assistant de direction trilingue • Chargé de communication • Consultant, Expert • Diplomate • Journaliste à l'étranger • Responsable marketing

BON À SAVOIR

Formation

Si un niveau bac + 2 ou + 3 (BTS, licence pro) permet de devenir assistant trilingue, il faut un bac + 5 pour acquérir la double compétence attendue dans les métiers de la communication, du marketing et de la stratégie internationale (master, IEP, école de commerce).

Débouchés

Avec la mondialisation, les entreprises et organismes internationaux ont besoin de spécialistes d'une aire géographique capables à la fois d'analyser la situation et de maîtriser la langue locale. Profils pointus et langues rares appréciés.

Conditions de travail

Le correspondant de presse et le diplomate sont installés à l'étranger. Les professionnels de la gestion, de la communication et du marketing, eux, sont le plus souvent basés en France, et voyagent au gré des missions. Mobilité et capacité d'adaptation exigées.

RENCONTRE AVEC...

Mathieu Moreau,

chargé de mission au sein du *think tank* « Confrontations Europe » (Bruxelles)

SON PROFIL

Master franco-allemand *Public Administration and European Governance* (IEP Grenoble/université de Constance)

Parle allemand, anglais et français

Travaille en VIE (volontariat international en entreprise) comme consultant

Passionné par l'Europe, il est convaincu que l'intérêt général européen et l'intérêt de la France vont de pair

DR

« ON RENCONTRE ÉNORMÉMENT DE MONDE À BRUXELLES. ICI, PARLER TROIS LANGUES, C'EST LA BASE ! »

Depuis 2 ans, Mathieu Moreau vit à Bruxelles, LA ville européenne. Là-bas, il travaille pour un *think tank*. *« C'est un laboratoire d'idées, où des acteurs de la société civile analysent les enjeux sociaux, économiques et politiques de la construction européenne. Il y en a beaucoup ici. »*

Défricheur d'idées

Industrie, énergie, transports… dans ces domaines, Mathieu suit les débats européens, rédige des rapports, fait de la veille législative au Parlement européen, lit la presse, anime des groupes de travail. Parmi les sujets étudiés : les quotas en matière d'émission de gaz à effet de serre, l'énergie à l'horizon 2050… *« En ce moment, je suis plongé dans des documents en anglais de la Commission européenne sur le nucléaire. Il y a un vocabulaire spécifique à acquérir. C'est complexe, mais rafraîchissant de découvrir de nouveaux mots ! »* Ce que Mathieu préfère dans son travail ? Il lui permet d'avoir un regard intelligent sur l'Europe. *« Même si parfois, on croule sous les informations ! Il faut savoir faire le tri. »*

Plongée franco-allemande

Mathieu a toujours eu une curiosité pour l'Europe, en particulier les relations franco-allemandes. *« Les langues ont été l'outil indispensable pour approfondir mes connaissances. »* L'apprentissage de l'allemand, Mathieu le commence au collège. En 2de, il entre en section européenne allemande, poursuit en prépa, puis entre à l'IEP Grenoble, où il s'inscrit au double cursus franco-allemand affaires européennes. Dans le cadre du master, il passe 1 an à l'université de Constance. *« J'avais des cours en allemand et en anglais. S'immerger dans la culture allemande a été un vrai plus, je suis revenu quasiment bilingue ! »*

Une expérience européenne

« À Bruxelles, parler trois langues, c'est la base ! » s'amuse ce passionné d'Europe. Car, désormais, de plus en plus de jeunes diplômés maîtrisent quatre, voire cinq langues. Pour l'heure, Mathieu ne se voit pas quitter Bruxelles. *« C'est une ville où l'on rencontre énormément de monde, très stimulante. »* Un univers qui lui permet, au quotidien, de vivre « son » expérience européenne. ■

Assistant/e de direction trilingue

COLLABORATEUR PRÉCIEUX D'UN CADRE OU D'UN DIRIGEANT, IL JONGLE AVEC DE NOMBREUX INTERLOCUTEURS, DE MULTIPLES ACTIVITÉS ET PLUSIEURS LANGUES.

Organisation sans faille

Gérer les appels et les messages, classer les dossiers, tenir les agendas, caler les rendez-vous, organiser les réunions et les déplacements, s'occuper des contacts avec les clients, les fournisseurs, les collègues... interface entre le manager et son équipe, l'assistant facilite la circulation des informations dans l'entreprise. Autonomie et réactivité sont ses mots d'ordre. Sans oublier l'aisance relationnelle et le tact pour s'adapter à des interlocuteurs variés.

« Zéro faute »

Au quotidien, ce professionnel rédige des comptes rendus, des courriers, des présentations... Pas question pour lui de faire des fautes d'orthographe ou de syntaxe. Il a par ailleurs une bonne maîtrise des outils bureautiques (Word, Excel, PowerPoint, Outlook, Lotus Notes...) et une parfaite connaissance de l'entreprise qui l'emploie. Dans une même journée, il doit savoir jongler entre les missions, tenir les délais et résister à la pression ! On peut aussi lui demander de participer à l'administration de la paie ou à la communication de l'entreprise.

Client russe, devis en italien...

Lorsqu'il exerce dans une multinationale, une entreprise étrangère installée en France, un service export ou encore un cabinet d'avocats, l'assistant doit passer d'une langue à l'autre : prendre un appel en anglais, transcrire un compte rendu pour un partenaire allemand, envoyer un devis en italien, ou même jouer le rôle d'interprète avec un client russe... Le métier suppose de choisir ses langues étrangères en accord avec le marché de l'emploi. Deux langues de grande communication et une troisième plus rare.

FORMATION

BTS assistant de manager ou commerce international, complété ou non par une licence pro.

Lire pp. 124, 125, 128

3 QUESTIONS À...

DR

Damian Dell'Amico,
assistant de direction quadrilingue à Paris

Parler quatre langues, un atout ?

C'est assez rare, donc recherché. Je parle français, anglais, espagnol et italien. Cela interpelle les recruteurs, mais ça ne fait pas tout. L'allemand est une langue plus « porteuse » économiquement que l'espagnol... Parler trois langues, dont une qui sort du lot, comme le russe, l'arabe ou le chinois, peut être stratégique.

Avez-vous une spécialisation ?

J'ai travaillé 7 ans pour de grands cabinets d'affaires. Je faisais l'interface entre les avocats et les clients, mais aussi entre les avocats et leurs confrères. J'organisais leur emploi du temps, leurs déplacements, j'assurais la constitution et le suivi des dossiers. Les langues étaient indispensables ! Dans le dernier cabinet où j'ai exercé, la moitié de mes tâches se faisaient en anglais, et certaines en espagnol pour le service contentieux et arbitrages internationaux. Le métier est enrichissant, mais il faut savoir faire plusieurs choses à la fois et résister au stress ! Il y a quelques mois, j'ai décidé de me réorienter vers le commerce pour changer de secteur.

Pourquoi avoir choisi ce métier ?

J'ai toujours eu une passion pour les langues, de par mes origines (je suis moitié espagnol, moitié italien) et mes séjours à l'étranger (Brésil, USA, Irlande, Argentine...). J'avais également des compétences en bureautique. Cela m'a semblé logique de me diriger vers ce métier. En arrivant dans le secteur, j'ignorais que c'était un métier majoritairement féminin ! J'ai été étonné puis je me suis rapidement adapté. Au quotidien, il n'y a aucune différence. Certains clients sont parfois surpris mais s'habituent très vite !

Chargé/e de communication

IL MET EN VALEUR L'IMAGE DE L'ORGANISME QUI L'EMPLOIE. UN PROFIL INTERNATIONAL EST UN PLUS DANS LES GRANDS GROUPES OU LES AGENCES SPÉCIALISÉES.

Faire passer le message

Quand il travaille dans la communication externe et les relations publiques, le chargé de com s'assure de l'image de l'entreprise à l'extérieur, auprès des médias et de ses clients. À lui d'élaborer un plan pour faire parler d'elle dans la presse, sur les ondes et les réseaux sociaux (réalisation de brochures, organisation d'événements...). En communication interne, il informe les salariés sur la stratégie de l'entreprise *via* le journal interne, l'intranet...

Excellents rédactionnel... et relationnel !

Le chargé de com doit maîtriser le français, car la rédaction et la relecture de documents font partie intégrante de son activité. Un communiqué de presse avec une faute d'orthographe semble peu crédible ! Un excellent relationnel est indispensable, ainsi qu'un esprit de synthèse, pour pouvoir identifier et transmettre au mieux les messages clés. Derniers prérequis : savoir gérer un budget (réservation d'une salle, invitations, repas...), et respecter les délais !

Sur les réseaux sociaux

Dans la communication, les langues sont indispensables. Si l'anglais est désormais exigé, les multinationales et les institutions mondiales ont besoin de professionnels qui parlent deux, voire trois langues. Les diplômés en langues s'insèrent de plus en plus dans le secteur, où leurs compétences sont recherchées. Des pistes intéressantes dans le secteur de la communication digitale (veiller à la réputation *on line* d'une entreprise sur les réseaux sociaux, les blogs...) ou dans celui de la communication de crise (gérer l'image d'une société prise dans un scandale, par exemple).

FORMATION

Isit (spécialisation management interculturel), Celsa (master communication des entreprises et des organisations internationales), IEP, masters en communication, RI...

Lire pp. 117, 135, 136, 139

Consultant/e, Expert/e

SPÉCIALISTE D'UNE ZONE GÉOGRAPHIQUE ET/OU D'UN SECTEUR, IL JOUE UN RÔLE D'ANALYSE ET DE CONSEIL AUPRÈS D'UNE ENTREPRISE, D'UNE ADMINISTRATION, D'UNE ONG...

Sous différents noms

Dans une entreprise, l'expert est « manager de projet » et mène des projets internationaux liés à sa société. Au sein d'un cabinet de conseil, le consultant en affaires internationales joue un rôle d'expertise et d'analyse stratégique auprès de structures qui veulent s'implanter à l'étranger : spécificités du marché, mise aux normes locales, obtention d'agréments... Quand il travaille pour une ONG, une organisation internationale, une institution, une collectivité, un centre de recherche... le conseiller ou chargé de mission rédige des synthèses, fait de la veille, mène des projets locaux...

Selon la région du monde

Pour l'Europe, le consultant en affaires européennes fait de la veille législative pour des entreprises, des associations... et les informe sur l'impact possible des textes de loi sur leur activité. Il peut également promouvoir leurs idées auprès des institutions *(lobbying)*. Dans un cabinet de *consulting* ou dans une entreprise, il accompagne la création d'une filiale (études de marché, recherche de partenaires...). Pour une ONG, il est chargé d'analyser s'il est possible d'envoyer une mission sur place, et dans quelles conditions.

Connaissances pointues

L'expert ou consultant doit se constituer son propre réseau d'informateurs, lire beaucoup, multiplier les sources... Il est parfois spécialiste d'un secteur pointu, comme la sécurité, le droit, la finance... C'est le cas par exemple des experts techniques internationaux des Affaires étrangères. La connaissance du pays et des grands enjeux politiques, économiques, culturels... va de pair avec la maîtrise de la ou des langues locales, en plus de l'anglais.

FORMATION

Masters en relations internationales, IEP, écoles de commerce, concours de la fonction publique (MAE, Défense, Europe...), Iris Sup'...

Lire pp. 133, 135 à 137, 139

Diplomate

AMBASSADEURS, CONSEILLERS ET SECRÉTAIRES DES AFFAIRES ÉTRANGÈRES... CES PROFESSIONNELS DE LA DIPLOMATIE REPRÉSENTENT LA FRANCE À L'ÉTRANGER.

Carrière diplomatique

Au sommet de la diplomatie, l'ambassadeur. Il représente la France dans le pays où le président de la République le nomme. Il s'appuie sur une équipe de conseillers et de secrétaires (cadre général ou d'Orient), d'attachés... La maîtrise des langues orientales (persan, russe, mandarin, arabe...) en plus de l'anglais est éxigée pour le cadre d'orient. Les secrétaires de chancellerie exercent des responsabilités administratives et budgétaires.

Ambassade ou consulat

Dans une ambassade, les diplomates sont chargés d'observer et d'analyser la situation politique, économique et culturelle de leur pays de résidence. Ils rencontrent des responsables locaux, contactent les autorités, décryptent la presse et les télégrammes diplomatiques codés... Une synthèse est transmise chaque jour au ministère. L'équipe diplomatique réunit plusieurs conseillers, chacun d'eux traitant une catégorie de dossiers. Dans un consulat, les diplomates ont un rôle plus technique d'administration auprès des Français résidant dans le pays (état civil, visas, scolarité, élections, assistance...).

3 ans par pays

Les diplomates travaillent aussi à l'administration centrale (Paris, Nantes), dans les directions géographiques ou fonctionnelles, et au sein des services de coopération et d'action culturelle. La fonction demande une grande mobilité, car on change d'affectation une douzaine de fois dans sa carrière, à raison de 3 ans dans le même pays. Avant de partir à l'étranger, le diplomate est tenu de travailler entre 2 et 4 ans au Quai d'Orsay. Les qualités requises pour exercer : sang-froid, adaptation et sens de la négociation !

Formation

Accès sur concours avec un diplôme bac + 3 (dans les faits, IEP ou bac + 5 affaires internationales). Maîtrise de deux langues étrangères. 172 postes ouverts en 2012. Certains sont réservés aux élèves de l'ENA et des IRA.

Lire pp. 130 à 139

Journaliste à l'étranger

APPELÉ « CORRESPONDANT », IL RELATE LES ÉVÉNEMENTS DU PAYS DANS LEQUEL IL VIT. MAÎTRISER LA LANGUE LOCALE, EN PLUS DE L'ANGLAIS, EST CONSEILLÉ !

En immersion

Une élection, une catastrophe naturelle, une cérémonie officielle... les événements couverts par le correspondant sont multiples ! Le quotidien de ce journaliste est rythmé par une grande variété de sujets à traiter. S'immerger dans le pays et parler la langue en usage, une condition *sine qua non* pour pouvoir témoigner et décrypter la situation. Professionnel de l'information, il doit assurer une veille et proposer des sujets. Un travail de terrain, où il faut tisser un réseau, réaliser des interviews... Une aisance à l'oral et un bon contact sont alors indispensables.

Toujours sur le qui-vive

Tributaire de l'actualité, le correspondant peut être amené à faire un direct à la télévision et à la radio, ou à écrire un article à toute heure. Résistance au stress et disponibilité exigées ! Avec le décalage horaire, le travail de nuit est fréquent. Le correspondant peut être salarié d'un média (presse, radio, télé, site web) ou d'une agence (AFP). Plus souvent indépendant, il « pige » pour plusieurs employeurs et vend ses sujets à différents médias.

Profession reporter

Les grands reporters, eux, sont envoyés à l'étranger pour des missions ponctuelles, en fonction de l'actualité. Certains d'entre eux, appelés « correspondants de guerre », vont sur les zones de conflits. La maîtrise de l'anglais est indispensable. Parler une 2e langue étrangère peut s'avérer utile. Un « fixeur » (habitant de la région qui joue le rôle de guide et d'interprète) est parfois nécessaire pour avoir les bons contacts et communiquer avec la population locale. Autre possibilité : être correspondant de la presse étrangère en France.

FORMATION

École de journalisme couplée à une formation en langues (Inalco, master...).
Lire pp. 91,

Responsable marketing

POUR ANALYSER LES MARCHÉS ET CIBLER LES ATTENTES DES CONSOMMATEURS D'UN PAYS ÉTRANGER, UNE BONNE CONNAISSANCE DE LA LANGUE ET DE LA CULTURE EST UN ATOUT.

Sonder les marchés

Avant de lancer un produit ou un service, le responsable marketing étudie le marché qu'il veut conquérir. Les comportements des consommateurs ? Les apports du produit ? Les tendances ? Le positionnement de la concurrence ? Autant de questions auxquelles les sondages, panels, réunions tests, relevés de prix... permettent de répondre. La phase d'analyse passée, un « plan marketing » est élaboré. Il comporte les orientations stratégiques à mener, le suivi des ventes et des performances des produits lancés, les plans d'actions correctives. Séduire puis fidéliser, c'est l'objectif du responsable marketing.

« Ressenti terrain »

Quand il travaille à l'international, le responsable marketing s'occupe du déploiement de la stratégie marketing de l'entreprise dans une zone géographique définie. Lui reviennent aussi la communication média et la politique *merchandising* du produit. Une solide connaissance du marché local est nécessaire, d'où la nécessité de maîtriser la langue du pays, en plus de l'anglais. S'il est basé en France, le responsable marketing peut se déplacer à l'étranger, pour avoir un « ressenti terrain » et s'immerger dans la culture du pays.

En entreprise, en agence...

En bon « chef d'orchestre », le responsable marketing travaille au quotidien avec de nombreux services : la R&D (recherche et développement) pour la création de nouveaux produits, les achats et la logistique, le commercial (comment vendre le produit au mieux ?)... Il peut exercer au sein d'une entreprise, dans des cabinets de conseil en stratégie marketing, ou encore dans la publicité.

Formation

École de commerce, master en marketing (Celsa, université...), IEP... et un diplôme en langues permettent de travailler à l'international.

Lire pp. 132 à 135

3 QUESTIONS À...

DR

Charlynne Mounier,
responsable marketing partenaires
Europe, Moyen-Orient, Afrique
à SugarCRM, Munich (Allemagne)

Pourquoi l'Allemagne ?

L'allemand est une langue que j'ai toujours aimée, à la fois pragmatique et imagée. Je l'ai étudiée dès le primaire. Après 1 semestre à Cologne *via* Erasmus et un diplôme en management interculturel à l'Isit, j'ai effectué un stage à Paris à CDC Software, un éditeur de logiciels informatiques. Souhaitant partir vivre à l'étranger, j'ai proposé un volontariat international pour leur filiale à Munich. J'étais convaincue qu'il y avait des opportunités en Allemagne pour des personnes multilingues.

Quels postes avez-vous occupés ?

En tant que responsable marketing et communication à CDC Software, je devais promouvoir leur solution de gestion de la relation client grâce à des campagnes de presse, le site web, des événements... et détecter de nouveaux clients *via* des campagnes marketing. Sur place, j'ai été approchée par le directeur européen de SugarCRM, une autre société informatique basée à Munich. Parler trois langues a joué en ma faveur. Comme responsable marketing partenaires, j'assure une visibilité à notre logiciel et conseille nos partenaires chargés de le vendre aux entreprises. Je les aide aussi pour la création de campagnes marketing dans leur pays.

Vous jonglez avec les langues ?

On peut dire ça ! Je suis en contact avec l'Afrique du Sud, Dubaï, la Russie... C'est très enrichissant, même s'il faut parfois s'adapter aux décalages horaires ! Mon entreprise étant internationale, je côtoie au quotidien des personnes d'horizons divers. Parmi mes collègues à Munich, il y a plus de 15 nationalités ! Et chacun parle entre deux et quatre langues ! J'aime cette diversité culturelle.

Enseigner, former

© ELODIE GUIGNARD POUR L'INALCO

En France ou à l'étranger, ils enseignent à des publics divers. Avec, pour tous, le désir de transmettre des connaissances, une langue et une culture.

Formateur en langue • Professeur de français langue étrangère (FLE) • Professeur de langue en collège et lycée • Professeur de langue des signes française (LSF) • Professeur de langue à l'université

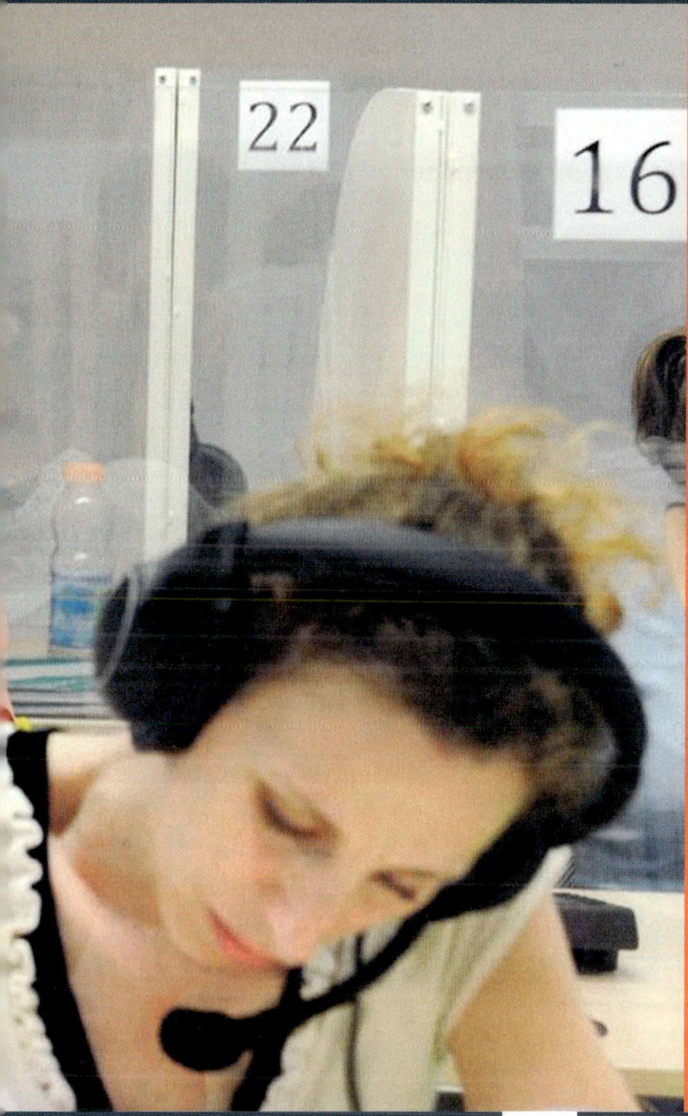

BON À SAVOIR

Formation

Il faut désormais un master (bac + 5) pour exercer comme enseignant dans les collèges et lycées, et un doctorat (bac + 8) pour enseigner à l'université. Pour les formateurs d'adultes, bac + 3 à bac + 5 en langue et expérience souhaitée.

Débouchés

Les professeurs du secondaire et du supérieur deviennent fonctionnaires après avoir réussi le concours de recrutement (agrégation, CAPES, CAPLP). Emploi souvent précaire pour les formateurs d'adultes et les professeurs de FLE.

Conditions de travail

Aimer et maîtriser sa discipline ne suffit pas. Être prof de langue, c'est aussi capter l'attention d'un auditoire, faire participer les élèves et savoir ajuster ses méthodes… Au programme : une forte motivation et une grande créativité !

RENCONTRE AVEC...

Philippe Mahou,
formateur indépendant en chinois

DR

SON PROFIL

Licence FLE et maîtrise de chinois à l'université Paris 7

Parle couramment deux langues : mandarin et anglais

Ingénieur de formation (diplôme de l'Isen)

Il s'est lancé en créant une entreprise individuelle

Accompagne des délégations d'industriels français en Chine

« LE DÉFI : DONNER DES BASES, SANS PERDRE DE VUE QU'APPRENDRE UNE LANGUE EST UN INVESTISSEMENT EN TEMPS, LONG ET EXIGEANT. »

« *Quoi de plus motivant que de transmettre sa passion ? L'auditoire le sent, et le message passe mieux* », explique d'entrée de jeu Philippe Mahou, formateur indépendant installé en Chine depuis 5 ans. Un pays et une langue pour lesquels cet ingénieur de formation a eu un coup de foudre, au point de donner une nouvelle dimension à sa carrière.

Le plaisir de transmettre

Après avoir pris des cours dans des associations, Philippe entame un cursus de chinois à Paris 7 et effectue plusieurs longs séjours en Chine. L'idée de devenir formateur s'impose naturellement : *« En tant qu'ingénieur, j'ai été amené à donner des formations techniques à des clients. J'y ai pris goût, et ces expériences ont renforcé le plaisir que j'ai à transmettre un savoir »*, précise-t-il.

Diversifier son activité

Son diplôme en poche, Philippe décide de se lancer en indépendant. *« Il faut se faire connaître, créer un réseau. Cette partie commerciale prend beaucoup de temps. Les cadres étrangers qui me sollicitent pour des cours de chinois sont encore peu nombreux. »* Philippe travaille principalement pour des organismes de formation et des universités. Pour vivre de son métier, il a diversifié son activité, en définissant des programmes de « communication et management interculturel pour l'entreprise ». Son public ? Des industriels et des étudiants.

Une langue à décrypter

« Les cadres ont souvent besoin d'une formation express avant une mission ou une expatriation en Chine. Le défi consiste à donner des bases, sans perdre de vue qu'apprendre une langue est un investissement en temps, long et exigeant », explique ce formateur, qui constate, en France, un engouement pour le chinois. *« La langue et la culture chinoises fascinent. J'ai plaisir à en décrypter les mystères. La grammaire ne présente pas de difficultés particulières, mais le chinois nécessite d'exercer son oreille. Pour entretenir la motivation des apprenants, j'utilise des documents de la vie de tous les jours, afin qu'ils aient l'impression d'être déjà en Chine ! »* ■

Professeur/e de français langue étrangère (FLE)

EN FRANCE COMME À L'ÉTRANGER, IL ENSEIGNE NOTRE LANGUE À DES NON-FRANCOPHONES. À LUI DE S'ADAPTER À DES PUBLICS DE TOUTES NATIONALITÉS.

Large public

Pour des milliards de gens dans le monde, le français reste une langue étrangère ! C'est à ce large public de non-allophones que s'adresse le professeur de FLE, amené à enseigner à des enfants récemment scolarisés, à des adultes souhaitant s'insérer, à des salariés étrangers désireux de perfectionner leur niveau de français... Quel que soit le public, il évalue le niveau de chacun et prend en compte la culture du pays d'origine.

Une pédagogie créative

Si cet enseignant n'a pas de « programme » à respecter, il doit adapter sa démarche pédagogique aux différents niveaux et besoins des publics. Pour cela, il s'appuie sur des outils et des techniques variés (Internet et les supports numériques), se concentre sur l'apprentissage des mots de la vie quotidienne, ou au contraire sur un vocabulaire très technique. Ses atouts ? Ouverture d'esprit et capacité d'adaptation.

Activité temporaire

Rares sont les contrats stables, hormis dans la fonction publique. Les principaux débouchés se situent dans le département FLE d'une université, une association locale d'insertion ou d'aide aux migrants, une classe d'intégration dans un établissement scolaire, une chambre de commerce, des écoles privées (en langues), des entreprises... Dans 60 % des cas, le professeur de FLE travaille à l'étranger pour des missions de courte durée : alliances françaises, instituts culturels des ambassades, universités étrangères, ONG... Avoir réussi un concours (agrégation, CAPES...) peut constituer un atout. Pour s'insérer, mobilité et dynamisme exigés.

Formation

Licence lettres, LLCE ou sciences du langage (3 ans après le bac) puis master (2 ans) avant de postuler en tant qu'assistant de français.
Lire pp. 92, 103, 104, 105

3 QUESTIONS À...

DR

Agnès Montenegro,
professeure de FLS (français langue seconde ou de scolarisation) en classe d'accueil

Comment devient-on prof de FLS ?

J'ai d'abord enseigné le français, avec le projet de partir à l'étranger. Je me suis donc formée au FLE et j'ai postulé dans des lycées français, en Irlande, puis en Argentine. À mon retour, j'ai eu envie de mettre cette expérience à profit, en enseignant le français à un public non francophone. Cette nouvelle approche de mon métier m'intéressait énormément.

Qui sont vos élèves et comment travaillez-vous ?

J'enseigne à des élèves de plus de 16 ans, scolarisés dans leur pays jusqu'à ce qu'ils arrivent en France, pour diverses raisons, comme le travail des parents, le regroupement familial, l'asile politique... Ils viennent de tous les continents : Europe, Moyen-Orient, Afrique... Face à ce public, je m'adapte en créant des groupes de niveau. Je leur propose des exercices très simples ou plus compliqués. Cela va d'une demande banale à des échanges sur la culture française, les institutions... Selon leur pays d'origine, certains ont plus de difficultés avec la prononciation, d'autres avec le vocabulaire. En 1 an, je dois leur permettre d'acquérir un niveau suffisant pour rejoindre une classe « classique ».

En quoi est-ce motivant ?

Apprendre le français à ces jeunes a modifié ma façon d'enseigner aux élèves français... J'ai mesuré la complexité de certaines formulations, alors qu'on peut dire la même chose très simplement ! Ce public m'a permis de mieux comprendre le fonctionnement de la langue française, en posant des questions très pertinentes. Enfin, ces adolescents qui ont dû quitter leur pays font preuve d'une grande volonté : ils ont envie d'apprendre, ils sont très motivés. C'est gratifiant.

Professeur/e de LVE en collège et lycée

PAR DES TEXTES, DES FILMS, DES CHANSONS, IL DONNE VIE À UNE LANGUE ÉTRANGÈRE ET FAIT DÉCOUVRIR UNE CULTURE. SON CREDO ? FAIRE PARTICIPER SES ÉLÈVES.

Langue « vivante »

Sa mission : transmettre des connaissances aux élèves (grammaire, conjugaison, vocabulaire, histoire, littérature...) tout en les incitant à participer le plus possible individuellement ! À côté des manuels scolaires, le prof de langue vivante étrangère (LVE) a recours à des supports variés : articles de presse ou romans, films ou illustrations, chansons... Il organise aussi des sorties culturelles ou des voyages à l'étranger. À la clé pour ses élèves, l'apprentissage d'une langue et la découverte d'une autre culture.

À côté des cours

Sans compter les temps de préparation et de correction, cet enseignant assure 18 heures de cours par semaine s'il est certifié, ou 15 s'il est agrégé. À quoi s'ajoutent le soutien personnalisé, les réunions pédagogiques, les rencontres avec les parents, la participation au conseil de classe et aux décisions d'orientation... Les enseignants du supérieur ou exerçant pour le compte de centres de formation linguistique pour adultes ont des charges horaires variables.

Faire parler chacun

L'apprentissage des langues vivantes repose en grande partie sur l'oral. Le travail autour des échanges tient donc une grande place. D'où l'importance pour cet enseignant de canaliser son auditoire, surtout quand les effectifs sont importants. Il doit faire en sorte que chacun ait l'occasion de s'exprimer pour progresser comme les autres, mais aussi d'écouter. Amener l'élève à vaincre sa timidité, à ne pas avoir peur de se tromper dans le choix des mots ou dans sa prononciation est essentiel.

Formation

Licence LLCE (3 ans après le bac), puis master (2 ans) avant de passer les concours (agrégation, CAPES ou CAPLP).

Lire p. 102 à 105

3 QUESTIONS À...

DR

Charlotte Midy,
professeure d'anglais en STS[1] à Drancy

D'où est venue l'envie d'enseigner ?

Après une hypokhâgne, j'ai continué en licence LLCE. Durant l'année de M1, j'ai eu l'occasion de partir en Angleterre enseigner le français en tant que lectrice. Ça a été une expérience formidable. Le contact avec les jeunes, la transmission... tous ces aspects m'ont beaucoup plu. À mon retour, j'ai donc présenté le CAPES, et je l'ai eu !

Vous exercez en BTS assistant de manager où les langues comptent beaucoup...

Oui. J'ai les étudiants 4 heures par semaine, plus 2 heures en atelier métier avec leur prof d'éco-gestion. On travaille l'anglais professionnel : étude d'articles de presse, analyse de vidéos, rédaction de lettres commerciales... Il ne s'agit plus, comme au lycée, de leur donner les bases d'un anglais courant, mais de les préparer à leur future vie professionnelle... Du fait des différences culturelles entre la France et les pays anglo-saxons, la connaissance de l'entreprise est un axe important. Je leur propose des jeux de rôle où ils se trouvent dans la situation du manager ou de l'assistant.

Aviez-vous été formée à l'anglais commercial ?

Non, pas du tout... Lorsque je suis arrivée au lycée, l'opportunité d'enseigner à cette classe de BTS s'est présentée. Je me suis dit que c'était l'occasion de découvrir cet aspect de la langue, et le monde de l'entreprise. Ça a été un gros investissement personnel au début. J'ai acheté un dictionnaire d'anglais commercial, ainsi que les ouvrages que les élèves avaient dans les matières professionnelles, et j'ai beaucoup travaillé avec mon collègue d'éco-gestion.

1. Section de techniciens supérieurs.

Professeur/e de langue des signes française (LSF)

SES MISSIONS ? PERMETTRE À DE JEUNES SOURDS D'AVOIR ACCÈS AUX APPRENTISSAGES, ET À TOUX CEUX QUI LE SOUHAITENT D'ACQUÉRIR LA LANGUE DES SIGNES FRANCAISE.

Une langue à part entière

Directement et entièrement accessible pour un jeune sourd, la langue des signes française (LSF) lui permet de suivre le processus normal d'acquisition du langage, à l'école, au collège et, plus tard, à l'université. En parallèle, l'élève apprend la langue française sous sa forme écrite. Pendant la scolarité, la présence du professeur de LSF garantit la cohérence du parcours scolaire d'un jeune sourd jusqu'au baccalauréat.

Enseigner autrement

Communication gestuelle simultanée et systématique, décomposition des gestes… cet enseignant s'adapte aux besoins individuels et aux situations qui se présentent. Pour cela, il connaît parfaitement l'usage de la LSF, et respecte la décomposition qualitative des gestes, des signes et de la mimique de circonstance. Autre exemple de compétence requise : évaluer les capacités de perception visuelle de l'élève et sa facilité à mémoriser des gestes simples.

Sourd ou entendant ?

Depuis 2010, l'Éducation nationale recrute des enseignants titulaires par la voie du CAPES de LSF (jusqu'à présent, seuls 13 candidats ont réussi ce concours). Cependant, il est possible d'enseigner la LSF avec un autre profil : soit comme professeur d'une autre discipline (anglais, espagnol…), en passant une certification complémentaire de LSF ; soit comme enseignant contractuel, sous certaines conditions de diplôme. Lorsqu'il enseigne à l'école ou dans le secondaire (collège ou lycée), cet enseignant doit avoir un très bon niveau de LSF, qu'il soit sourd ou entendant. Il peut aussi organiser et animer des actions en direction d'autres publics : ateliers de LSF pour les élèves entendants, sensibilisation du personnel à la LSF…

FORMATION

Licence LSF (3 ans après le bac), puis master (2 ans) avant de passer le CAPES.

Lire p. 95, 103, 105

3 QUESTIONS À...

Pascal Marie-Rose,
professeur d'anglais à l'INJS[1]

Qu'est-ce qui vous a conduit à enseigner à de jeunes sourds ?

J'ai découvert la langue des signes française (LSF) par hasard lorsque j'avais 16 ans. J'en suis tombé amoureux ! Il n'y avait pas de sourd dans mon entourage familial, j'ai donc essayé d'en côtoyer par l'intermédiaire d'une association. L'idée d'en faire mon métier est venue bien plus tard. J'ai suivi des études en microbiologie et j'ai commencé à travailler dans ce domaine, en Angleterre. À mon retour, je me suis engagé dans le bénévolat auprès des sourds. J'ai alors été embauché et formé pour leur enseigner l'anglais.

Quelles sont les spécificités du métier ?

En milieu spécialisé, les effectifs sont assez restreints : de l'ordre de cinq à neuf élèves par classe (du CP à la 3e). Les sourds doivent en effet regarder l'enseignant en permanence afin de lire sur ses lèvres et/ou d'observer ses signes. Ce dernier doit donc canaliser l'attention de tout le monde en même temps. L'autre spécificité, c'est que tous les professeurs, quelle que soit leur spécialité d'origine, enseignent aussi le français. L'une des principales difficultés pour les sourds, c'est l'acquisition de la langue française.

Comment enseigne-t-on l'anglais à des sourds ?

La dynamique d'apprentissage d'une langue étrangère est la même pour tous les élèves. Avec des sourds, il faut essayer de développer des stratégies pour travailler un anglais oral en utilisant l'écrit : on écrit la phrase que l'on prononcerait à l'oral... Évidemment, les exigences sont moins importantes pour eux que pour les élèves « entendants ». Nous insistons sur la modalité écrite de la langue anglaise.

1. Institut national de jeunes sourds.

Professeur/e de langue à l'université

SA SPÉCIFICITÉ ? RENOUVELER SANS CESSE SES CONNAISSANCES PAR LA RECHERCHE, ET LES TRANSMETTRE AUX ÉTUDIANTS. À L'UNIVERSITÉ, DANS LES GRANDES ÉCOLES...

Un spécialiste

Donner un cours magistral en amphithéâtre, encadrer des séances de travaux pratiques ou de travaux dirigés, conseiller un étudiant sur un choix d'orientation : cet enseignant est un spécialiste d'une langue étrangère, et plus particulièrement d'un pays, d'une région, d'une période... Amené à conduire plusieurs activités de front, il élabore le contenu des formations, assure l'organisation et la correction des examens, participe à des jurys de concours. Autre volet, plus administratif : la coordination d'une équipe pédagogique et/ou de chercheurs, l'encadrement des stages...

Tête chercheuse

Quand il n'est pas en cours, cet enseignant se consacre à des travaux de recherche dans sa discipline. Il fréquente les laboratoires ou les bibliothèques, participe à des colloques, rédige des articles pour des revues spécialisées... autant de démarches indispensables pour son évolution de carrière ! Selon son statut, il peut diriger les travaux de recherche des étudiants (mémoires de master, thèses de doctorat).

Par étapes

Une carrière d'enseignant-chercheur débute par un poste de maître de conférences, accessible après avoir soutenu une thèse de doctorat et présenté un dossier. Cette étape donne accès aux concours de recrutement organisés par les établissements d'enseignement supérieur. Après 5 ans d'expérience, et sous réserve de remplir certaines conditions, il peut devenir professeur des universités, pour enseigner à des étudiants de master (bac + 5) et diriger les activités du centre de recherche auquel il appartient (centre ou laboratoire universitaire).

Formation

Un doctorat (bac + 8) et l'habilitation à diriger des recherches donnent accès aux concours de recrutement.

Lire p. 104

Formateur/trice en langue

UNE LANGUE S'APPREND À TOUT ÂGE. LE FORMATEUR L'ENSEIGNE AUX ADULTES (DEMANDEURS D'EMPLOI, CADRES EXPATRIÉS, SALARIÉS EN RECONVERSION...) SELON LEURS BESOINS.

Diversité des élèves

Les langues ne s'apprennent pas seulement à l'école ! Un salarié en reconversion professionnelle, un cadre d'entreprise décidé à développer un marché à l'étranger, un jeune diplômé briguant un poste trilingue... au cours de leur vie professionnelle, de nombreuses personnes ont besoin de mettre leurs connaissances à jour et de développer de nouvelles compétences en langues. Des formations qui se déroulent individuellement ou en groupe, en face à face ou à distance, par téléphone ou en ligne (visioconférence, webcam).

Savoir s'adapter

Formateur « à la carte », ce professionnel conçoit des interventions adaptées aux besoins de chaque public et choisit les supports de travail appropriés (articles de journaux, vidéos, sites Internet...). Son défi : capter l'attention de ses « élèves », déjà adultes, et animer des sessions face à des personnes qu'il ne voit parfois que quelques heures. À lui de tenir compte de la diversité des besoins et des objectifs de son auditoire, pour y répondre efficacement. Ses principaux atouts ? Bien cerner la demande initiale, savoir communiquer et se montrer souple.

Des débuts précaires

Les organismes de formation sont nombreux (Greta, chambres de commerce, associations...), mais emploient plus d'intervenants extérieurs que de permanents. Stages, missions courtes, emplois précaires et à temps partiel ne sont pas rares. Dans la majorité des cas, ils constituent un passage obligé pour décrocher un poste. Autre voie : devenir indépendant. Réseau et expérience impératifs !

Formation

Niveau bac + 3 à bac + 5 requis : en particulier, licence ou master LEA/LLCE, ou master métiers de la formation combiné à des compétences en langues.

Lire p. 90 à 95

Interpréter

© ALAIN POTIGNON / ONISEP

Au-delà de la passion, l'exigence... Dans les métiers de l'interprétation, il faut aimer s'exprimer et avoir le goût du relationnel. Et savoir persévérer !

Guide-conférencier • Interprète de conférences • Interprète de liaison • Interprète judiciaire

BON À SAVOIR

Formation

Maîtriser une ou plusieurs langues étrangères est assez long. L'essentiel des formations débouche sur des diplômes de niveau bac + 5. Les écoles d'interprétation cultivent l'excellence en recrutant sur concours.

Débouchés

Dans un contexte d'économie mondialisée, le marché du travail est favorable aux professions des langues. Néanmoins, ce secteur dynamique rime avec précarité : la très large majorité des interprètes et des guides-conférenciers exercent en tant qu'indépendants.

Conditions de travail

Le statut professionnel de *free-lance* a de quoi séduire... ou effrayer. Il impose de savoir démarcher et d'être prêt à alterner périodes creuses et intense activité. Sans compter que les missions tombent souvent du jour au lendemain. Disponibilité exigée !

RENCONTRE AVEC...

Estelle Dupont-Tusseau,
interprète de conférences à la Commission européenne

DR

SON PROFIL

Est titulaire du master pro de traduction de l'IPLV

Passionnée par les langues, elle a appris le chinois par intérêt personnel

A exercé plusieurs années en *free-lance* avant de passer le concours de la Commission européenne

Possède une bonne capacité d'adaptation et une excellente culture générale

« UN MÉTIER DE PERFORMANCE, QUI EXIGE D'AVOIR TOUJOURS L'ESPRIT CLAIR ET EN ALERTE ! »

allemand, anglais, espagnol, grec moderne et chinois ! Ce ne sont pas moins de cinq langues qu'Estelle traduit à la Commission européenne de Bruxelles. Chaque jour, en cabine, cette interprète jongle avec les langues et les sujets les plus variés. *« Ce matin j'ai assisté à la préparation du budget européen 2014, et cet après-midi je suis au Comité économique et social européen, où l'on traitera des rapports d'incidents dans le transport aérien,* remarque Estelle. *On peut faire de tout, cela va des directives sur les ascenseurs aux questions financières, en passant par l'agriculture. Il n'y a pas une semaine qui ressemble à une autre ! »*

Concentration maximale

Aux réunions, les interprètes se relayent toutes les 30 minutes. *« L'exercice est fatigant et demande beaucoup de concentration,* explique Estelle. *C'est un métier de performance, qui exige d'avoir toujours l'esprit clair et en alerte ! Il faut déconnecter régulièrement pour rester efficace. »* Si la jeune femme est arrivée aujourd'hui à un niveau de compréhension de la langue tel que la traduction lui vient naturellement, les débuts ont été particulièrement difficiles. *« La concentration quotidienne, la foule d'informations à intégrer... font que l'on est complètement vidé à la fin de la journée. Il faut être une véritable éponge pour absorber le message et le vocabulaire. »*

Une bonne préparation

Savoir s'organiser est essentiel : préparer des fiches par sujet et par réunion, lire la presse, étudier les documents spécialisés, consulter la base de données terminologiques pour se familiariser avec les termes dédiés... *« Ce n'est qu'au bout de 1 an environ que l'on trouve le rythme. »* Après une quinzaine d'années à ce poste, la passion d'Estelle pour son travail ne s'est pas émoussée. *« C'est un métier astreignant mais en renouvellement permanent. Et j'apprécie de travailler sur des dossiers tendus, avec des enjeux, sans pour autant porter la responsabilité de ces derniers. Que la négociation ait réussi ou échoué ne va pas mettre ma carrière en péril ! »* ■

Interprète de conférences

PASSANT D'UNE CONFÉRENCE SUR LA MÉDECINE À UNE TABLE RONDE SUR L'AVENIR DU NUCLÉAIRE, IL TRADUIT FIDÈLEMENT LE DISCOURS D'UN ORATEUR EN TEMPS RÉEL.

FORMATION

De 2 à 5 ans d'études en écoles spécialisées, l'Isit et l'Esit tenant le haut du pavé. Accès sur concours de bac à bac + 4.

Lire p. 116, 117

Acrobate des mots

Depuis sa cabine, installé devant un micro, l'interprète transpose en direct les propos des intervenants lors de conférences internationales. C'est ce qu'on appelle la traduction « simultanée ». Concentration oblige, il passe le relais toutes les demi-heures. Lors de réunions de travail multilingues (congrès médicaux, séminaires, négociations...), il peut restituer en décalé des portions de discours, grâce à des notes prises à la volée (traduction dite « consécutive »).

Surtout en indépendant

Les interprètes de conférences traduisent dans les deux sens, vers leur langue maternelle ou en langue(s) étrangère(s). Si l'anglais reste majoritaire dans les entreprises, l'ouverture de l'Europe crée un appel d'air, vers les langues baltes par exemple. Rémunérés à la mission, la plupart des interprètes exercent en tant qu'indépendants. Ils sont en général rattachés à des secrétariats qui centralisent les appels des agences et relaient les offres de missions. Les grandes entreprises sont les premières clientes, devant les organismes publics ou internationaux. Recrutés sur concours, quelques-uns sont fonctionnaires de ces mêmes organisations.

Les nerfs solides

Autant d'interventions, autant de thèmes différents... L'interprète de conférences possède à la fois culture générale, sensibilité à l'actualité et vivacité d'esprit. Sans oublier la résistance au stress pour faire face aux imprévus. Car le temps de préparation est de plus en plus réduit, voire absent dans certaines entreprises pour cause de confidentialité.

Interprète judiciaire

LORSQUE DES RESSORTISSANTS ÉTRANGERS SONT MIS EN CAUSE DANS DES AFFAIRES PÉNALES, L'INTERPRÈTE JUDICIAIRE FAIT LE LIEN ENTRE EUX ET LES AUTORITÉS.

Tribunal ou commissariat

Audition d'un témoin allemand dans une affaire de vol, interrogatoire d'un ressortissant bulgare après une arrestation, écoute téléphonique... dès lors qu'une personne ne parlant pas ou comprenant mal le français est placée en garde à vue, mise en examen ou citée comme témoin dans une affaire pénale, un interprète judiciaire doit être appelé pour faire le lien entre elle et les policiers ou les juges. Disponible, l'interprète judiciaire peut être appelé à toute heure du jour ou de la nuit, pour une durée indéterminée.

Double casquette

L'interprète judiciaire porte généralement la double casquette d'interprète et de traducteur judiciaire. Il est alors le seul habilité à réaliser des traductions certifiées pour les particuliers, les avocats, les administrations, les entreprises, etc. Un étranger a besoin de documents officiels pour obtenir un titre de séjour ? À lui de traduire les pièces d'origine exigées par les autorités françaises : extrait d'acte de naissance, livret de famille... À l'inverse, il traduit également des documents français demandés par les consulats ou autorités étrangères.

Expert avant tout

On ne s'improvise pas traducteur-interprète judiciaire ! En tant qu'expert, il doit déposer un dossier auprès du tribunal de grande instance (TGI) de sa circonscription, afin d'être assermenté et d'apparaître sur les listes des cours d'appel. L'assermentation n'est pas automatique, et dépend beaucoup des besoins dans la langue ou les langues pratiquées. De même, l'inscription sur les listes n'est pas définitive et doit être régulièrement renouvelée.

FORMATION

Bac + 4 au minimum.
L'Esit dispense un DU de traducteur-interprète judiciaire, accessible à bac + 3 au minimum.
Lire p. 116

Interprète de liaison

LORS D'ÉVÉNEMENTS INFORMELS, L'INTERPRÈTE DE LIAISON ÉTABLIT LA COMMUNICATION ENTRE SON CLIENT ÉTRANGER ET SES INTERLOCUTEURS.

Petits groupes

Une visite d'usine, une cérémonie culturelle, un déjeuner d'affaires... contrairement à l'interprète de conférences, qui exerce depuis sa cabine ou lors de grosses réunions, l'interprète de liaison sert de relais linguistique entre deux personnes ou deux petits groupes de personnes qui ne s'expriment pas dans la même langue lors d'événements informels. L'interprète traduit à la fois les propos de son client et les réponses des interlocuteurs de ce dernier.

À bâtons rompus

Compte tenu du cadre informel dans lequel l'exercice d'interprétation est pratiqué, l'interprète de liaison n'a pas particulièrement besoin de se préparer à la thématique abordée durant la rencontre. L'interprétation est généralement spontanée et simple. C'est la raison pour laquelle les interprètes de liaison sont souvent des traducteurs ayant des aptitudes à l'oral, qui se dotent ainsi d'une compétence complémentaire.

Des niches d'emploi

Comme les interprètes de conférences, les interprètes de liaison ont majoritairement le statut d'indépendant. La concurrence dans cette profession est importante. Néanmoins, certaines spécialités, comme l'interprétation en langue des signes française (LSF), souffrent d'un manque de professionnels. Les interprètes en LSF sont majoritairement demandés pour de l'interprétation de liaison : réunions en entreprise, mais aussi rendez-vous du quotidien chez le médecin ou le banquier, par exemple. Leurs services sont également requis pour de la visio-interprétation, afin de traduire, *via* une webcam, un appel téléphonique passé entre une personne sourde et son interlocuteur.

Formation

De 2 à 5 ans d'études en écoles spécialisées, l'Isit et l'Esit tenant le haut du pavé. Accès sur concours de bac à bac + 4.
Lire p. 116, 117

3 QUESTIONS À...

DR

Nicolas U,
interprète de liaison
en chinois

Interprète de liaison et interprète de conférences, c'est pareil ?

Non. Contrairement à l'interprète de conférences qui est enfermé dans sa cabine, l'interprète de liaison est au contact d'autrui. Cela suppose pour ce dernier d'avoir une présentation correcte et de n'être ni extraverti ni introverti ! Il faut également une certaine endurance, car les échanges peuvent durer longtemps. Il m'est arrivé d'interpréter 4 heures d'affilée, c'est intellectuellement épuisant !

Vous avez vécu plusieurs années en Chine...

Avoir vécu quelque temps dans le pays dont on utilise la langue est indispensable si l'on veut devenir interprète de liaison. Cela permet d'apprendre des mots de la vie courante que l'on ne trouve pas dans les manuels et d'en savoir plus sur la culture du pays. En situation, on est alors en mesure d'apporter des éléments interculturels importants au client. Par exemple, expliquer à ce dernier que l'interlocuteur chinois l'appelle « grande sœur » parce que la personne est plus âgée qu'elle...

Vous intervenez aussi comme interprète judiciaire. Qu'y a-t-il de spécifique ?

La disponibilité, principalement. Au cours d'une interpellation ou d'une garde à vue, les différents départements de la police judiciaire me font venir pour traduire les échanges avec le prévenu. Cela peut arriver à toute heure du jour ou de la nuit, week-end compris. C'est parfois difficile à concilier avec une vie de famille ! En même temps, cette spécialité me permet de ne pas m'enfermer dans une routine et de garder mon indépendance. Je suis libre de refuser une mission d'interprétation.

Guide-conférencier/ère

À PIED, EN CAR,
EN BATEAU-MOUCHE,
IL EMMÈNE
LES TOURISTES
À LA DÉCOUVERTE
D'UN MUSÉE, D'UN SITE,
D'UN MONUMENT...
AVEC COMMENTAIRES
EN VERSION ORIGINALE !

Conquérir son auditoire

Versailles, le Louvre ou le Mont-Saint-Michel... jamais à cours d'anecdotes, le guide-conférencier sait captiver son auditoire et le transporter dans une autre époque. Parlant une ou plusieurs langues étrangères, tout comme l'interprète de liaison, il s'adapte à son public. Japonais, Russes, Américains... chaque nationalité a ses propres références culturelles.

Incollable

Féru d'histoire et d'art, le guide se doit de répondre à toutes les questions que lui pose son groupe de touristes : l'origine de l'ogive gothique, mais aussi les spécialités gastronomiques de la ville, voire l'actualité sociale du pays... Doté de solides connaissances en histoire, en histoire de l'art et en architecture, mais aussi en géographie ou en économie, ce médiateur auprès du public doit donc avoir impérativement une bonne culture générale. Pour ne pas être pris au dépourvu, il se documente en permanence et compulse des ouvrages de référence.

Quelques mois par an

En France, la profession est réglementée. Pour assurer les visites des musées, des monuments historiques et autres sites classés, le guide-conférencier doit être titulaire d'une carte professionnelle remise par la préfecture sous certaines conditions. Rares sont les professionnels salariés à temps plein. La plupart travaillent en *free-lance* ou à la vacation pour une agence de voyages, un autocariste, un office de tourisme, un site ou une association culturelle. Beaucoup combinent plusieurs activités, morte-saison oblige. Il faut compter plusieurs années pour se faire une place.

Formation

Licence professionnelle de guide-conférencier, en 1 an après bac + 2 dans les domaines des langues étrangères, du tourisme, des loisirs, de l'animation, de la communication, de l'histoire de l'art-archéologie, de la médiation culturelle...

Lire p. 129

3 QUESTIONS À...

DR

Marjorie Haffner,
guide-conférencière
en Ile-de-France

Comment débute-t-on dans ce métier ?

Pour pouvoir répondre à la demande, il faut être capable d'assurer un large éventail de visites. Ce qui suppose beaucoup de recherches en bibliothèque pour se documenter et rédiger la présentation des différents lieux. Prendre en charge des groupes venus de pays divers implique, surtout lorsque l'on débute, d'approfondir le vocabulaire. Mais, à raison de 2 jours de visite par semaine avec des touristes étrangers, on devient vite bilingue !

Vous êtes à la fois guide et interprète...

Je travaille principalement en langue anglaise. Mais des gens du monde entier parlent cette langue avec un accent très différent ! Un Malaisien n'aura pas la même prononciation qu'un Anglais ou un Américain.
Il m'est parfois difficile de comprendre les questions. Je dois faire attention aux termes que j'utilise. Un mot technique peut se dire différemment en anglais et en américain. Les clients sont très attentifs à cela !
De mon côté, je ne peux pas, dans ma prononciation, m'adapter à tous.
Je dois faire en sorte d'avoir un langage compréhensible et un accent pas trop marqué afin que chacun y trouve son compte.

Comment prépare-t-on une visite en langue étrangère ?

Comme pour une visite avec un groupe de Français, il faut se documenter. La différence, c'est que je pars de documents dans la langue que je vais utiliser. Pour un groupe d'Anglais, je vais lire des ouvrages spécialisés, les catalogues des musées en anglais...
Et, sur les fiches de visite, je vais répertorier les mots spécifiques au thème que j'ai choisi d'aborder et que je n'utilise pas tout le temps.

Traduire

© COMMISSION EUROPÉENNE

Trouver le bon mot ou la bonne expression : tel est le défi quotidien des traducteurs. En plus de maîtriser les langues étrangères, il leur faut manier la leur à la perfection.

Localisateur • Terminologue • Traducteur audiovisuel • Traducteur littéraire • Traducteur technique

BON À SAVOIR

Formation

Une poignée de licences professionnelles de traduction mises à part, il faut compter en moyenne 5 annnées d'études après le bac pour se former à la traduction. Intégrer une école spécialisée demeure la voie royale.

Débouchés

Certaines spécialités sont plus porteuses que d'autres. La traduction audiovisuelle, par exemple, est saturée. Le secteur demeure globalement dynamique avec des besoins en professionnels qualifiés. La grande majorité des traducteurs exercent en *free-lance*.

Conditions de travail

L'activité de traduction est souvent solitaire. Un aspect renforcé par le statut d'indépendant. La fonction exige de démarcher pour trouver du travail et d'entretenir son réseau. Disponibilité et réactivité sont les fers de lance de la profession.

RENCONTRE AVEC...

Maï Boiron,
traductrice audiovisuelle

DR

SON PROFIL

Titulaire d'une licence de LEA en anglais

A étudié le cinéma à San Francisco pendant 1 an et y retourne tous les ans

A une préférence pour les films politiques, d'anticipation et les études de mœurs

Organise son temps de travail comme elle le souhaite

« C'EST UN JEU INTELLECTUEL ENRICHISSANT DE TROUVER DES SYNONYMES, D'ÉVITER LES RÉPÉTITIONS. »

De *Gatsby le Magnifique* à *Take Shelter* en passant par *Les Mondes de Ralph*... depuis une dizaine d'années, Maï Boiron, 42 ans, sous-titre les films d'animation, thrillers ou comédies sentimentales des plus grosses sociétés de production américaines. Une carrière qu'elle doit à sa passion pour les langues et le cinéma. *« C'est en cherchant des informations sur les différentes orientations professionnelles que je pouvais emprunter que j'ai découvert le métier de traducteur audiovisuel. Pour moi, ce fut comme une évidence ! »*

Écrire comme on parle

Après 7 ans dans un laboratoire spécialisé où elle vérifie les sous-titres à l'écran, la jeune femme se lance à temps partiel dans la traduction. Seule chez elle, Maï utilise un logiciel de sous-titrage pour visionner directement ses dialogues dans l'image. *« Un bon sous-titrage se fond dans le film, respecte le ton, le niveau de langue et le rythme*, explique-t-elle. *Un travail très musical... »* Et, même si les films qu'elle traduit sont de qualité variable, Maï estime que *« c'est un jeu intellectuel enrichissant de trouver des synonymes, d'éviter les répétitions »*.

Trouver le bon mot

Dans la plupart des cas, Maï transpose les dialogues sans trop de difficultés, mais un film thématique peut l'obliger à rechercher du vocabulaire spécifique. *« L'an dernier, j'ai traduit* Zero Dark Thirty, *qui parle d'Al-Qaïda. Pour m'aider,* explique-t-elle, *je suis entrée en contact avec un capitaine français qui avait travaillé sur l'affaire Ben Laden en Afghanistan et qui connaissait tous les termes techniques. »*

Du rêve à la réalité

Maï a conscience de faire aujourd'hui partie de la poignée de privilégiés qui travaillent pour le cinéma. *« Il y a beaucoup de programmes audiovisuels à traduire, mais souvent pauvres en qualité*, souligne-t-elle. *Et les conditions de travail, de plus en plus difficiles, ne permettent pas toujours de soigner ses sous-titres comme il le faudrait, ni même de vivre correctement de son métier. Aujourd'hui encore plus qu'hier, il faut vraiment être très motivé pour s'y engager... »* ■

Localisateur/trice

CE TRADUCTEUR D'UN NOUVEAU GENRE ADAPTE AUX MARCHÉS LOCAUX LES JEUX VIDÉO, LOGICIELS, SITES INTERNET ET AUTRES PRODUITS MULTIMÉDIAS.

Messages, menus, légendes...

Un site Internet, un logiciel à visée internationale... ces nouveaux produits exigent une prise en charge complète des informations textuelles avant d'être lancés sur un marché local, la France par exemple. Le localisateur traduit les messages affichés sur les écrans, mais aussi les options de menus, les légendes des schémas, le contenu des pages web ou le guide de l'utilisateur. Il doit tenir compte à la fois des nombreux éléments d'interface et des variantes culturelles au sein d'une même langue.

Jusqu'à la finition

Le localisateur prend en charge un volume très important de textes, émaillés de nombreuses répétitions. En gardant en mémoire chaque terme, chaque phrase, la traduction assistée par ordinateur (TAO) lui permet de gagner un temps considérable. Au-delà de la traduction, le localisateur assure différentes tâches techniques jusqu'à la diffusion du produit : tests de fonctionnalité, mise en pages des documents, adaptation des illustrations... Ce n'est qu'à cette condition qu'il peut se prévaloir de l'étiquette de « localisateur ». À l'inverse, un traducteur travaille parfois avec un informaticien, se limitant alors à la transposition des textes.

Pilotage de projet

La maîtrise de l'anglais est indispensable à ce poste, avec si possible une autre langue correspondant aux nouveaux acteurs du marché multimédia. Des compétences en gestion de projet, ainsi qu'une bonne pratique des logiciels, s'imposent. Émergeant, le métier s'exerce au sein d'une agence de traduction-localisation ou en tant qu'indépendant.

FORMATION

Diplôme bac + 5, en particulier master industrie de la langue à double compétence en traduction et informatique.

Lire p. 113

3 QUESTIONS À...

DR

Marie Guillouche,

chef de projet
dans la localisation
de jeux vidéo

En quoi consiste votre métier ?

Je suis chef de projet dans une société de localisation de jeux vidéo. Je dois traduire ceux-ci dans leur globalité : aussi bien en ce qui concerne le script que les indications qui apparaissent à l'écran au cours du jeu quand on allume la console, ou encore les dialogues. J'interviens aussi sur les outils promotionnels qui vont accompagner la sortie du jeu. Il y a plusieurs contraintes à prendre en compte, comme la terminologie des constructeurs, propre à chaque pays et à chaque console, mais aussi les règles de ponctuation, le public auquel s'adresse le jeu...

Être chef de projet, ça implique quoi ?

Le pilotage de projet permet d'appréhender la chaîne de fabrication du jeu vidéo au-delà de la partie traduction. J'ai choisi cette évolution du métier de localisateur, car j'avais envie d'être en contact avec les clients. Je réceptionne et vérifie les fichiers, je les analyse, anticipe les problèmes, récupère les informations sur l'univers du jeu, organise les sessions de traduction et de relecture, enfin je livre les fichiers relus. C'est une fonction assez complète.

Qu'est-ce qui vous plaît le plus dans ce travail ?

Travailler sur des textes très différents, allant de la traduction marketing à de la traduction plus technique. Ce qui est compliqué, en revanche, c'est de gérer les heures de production. Nous avons toujours un délai imparti pour effectuer les traductions, et ce dernier est souvent assez difficile à respecter, ce qui peut occasionner du stress...

Terminologue

« PODCAST », « CHAT », « HOMEPAGE »... AUTANT DE TERMES TECHNIQUES POUR LESQUELS LES TERMINOLOGUES DOIVENT TROUVER UN ÉQUIVALENT EN FRANÇAIS.

Lexique technique

La mission du terminologue : rechercher et réunir les termes techniques étrangers relatifs à un ou plusieurs domaines spécialisés comme l'informatique, l'aéronautique, le domaine médical... et créer leur version française. Au sein du service traduction d'une grande entreprise, ce spécialiste des langues vivantes intervient avant l'étape de traduction de documents techniques par les traducteurs spécialisés. À lui de préparer un dictionnaire des termes techniques les plus fréquents, afin de garantir la cohérence de la traduction effectuée ensuite par les différents traducteurs. Une fois les documents traduits, il doit s'assurer que la terminologie a bien été respectée.

À l'affut des nouveaux termes

Le terminologue doit aussi assurer une veille afin de repérer l'apparition de nouveaux termes dans le domaine concerné et enrichir régulièrement la base terminologique. Outre la maîtrise de plusieurs langues et des différents outils informatiques (logiciels de traduction et de gestion de bases de données), ce linguiste doit posséder des compétences d'analyse et de recherche de l'information.

Dans le privé ou le public

Le terminologue travaille généralement en *free-lance*. Il peut cependant être employé dans des agences de traduction, au sein de grandes entreprises, mais aussi dans des organisations nationales (comme le ministère de la Culture, qui s'attache à la préservation de la langue française) ou internationales (l'ONU, par exemple).

Formation

Diplôme de niveau bac + 5.
Master de traduction avec une spécialisation en terminologie.

Lire p. 113

Traducteur/trice **audiovisuel**/le

DOCTEUR HOUSE, GLEE, LE SEIGNEUR DES ANNEAUX... POUR LE SOUS-TITRAGE OU LE DOUBLAGE, IL TRADUIT LES DIALOGUES DES SÉRIES TÉLÉVISÉES ET DES LONGS-MÉTRAGES.

Se jouer des contraintes

Spécialisé dans une langue (l'anglais est le plus demandé), le traducteur audiovisuel sous-titre ou double des films, des documentaires, des séries ou encore des dessins animés, pour le cinéma comme pour la télévision. Une tâche assez technique, soumise à certaines contraintes, qui exige un vocabulaire riche dans les deux langues, une bonne grammaire et de la concision.

Sens du *timing*

Le sous-titrage est assez complexe, car il implique une double transcription : d'une langue à l'autre et du parlé à l'écrit. Ce qui est dit à l'oral doit être traduit le plus fidèlement possible, sans que ce soit pour autant « mot à mot ». Le débit de parole étant plus rapide que la vitesse de lecture, le traducteur doit faire un effort de synthèse. À chaque sous-titre correspond un temps de lecture : une même phrase ne sera pas traduite de la même manière selon que le sous-titre dure 2 ou 4 secondes. De son côté, le doubleur doit tenir compte du mouvement des lèvres des acteurs à l'écran lorsqu'il transpose les dialogues à l'oral.

Séries télé en tête

Si le cinéma demeure l'Eldorado pour la majorité des traducteurs audiovisuels, la réalité de la profession est tout autre. La plupart d'entre eux font leurs armes sur des dialogues peu élaborés, comme ceux des séries sentimentales ou des dessins animés pour le doublage par exemple, avant de passer au cinéma. Les traducteurs audiovisuels ont le statut d'auteur et sont payés au sous-titre. Ce sont généralement les laboratoires de sous-titrage qui font le lien entre les diffuseurs (à l'origine des besoins) et les traducteurs.

FORMATION

Diplôme de niveau bac + 5 le plus souvent. Moins d'une dizaine d'universités proposent des masters de traduction audiovisuelle (Lille 3, Paris 10, Nice, Strasbourg...).

Lire p. 112

Traducteur/trice **littéraire**

LIRE EN FRANÇAIS LA SAGA *HARRY POTTER* OU *TWILIGHT*, C'EST POSSIBLE GRÂCE À LUI. IL TROUVE LES TERMES JUSTES TOUT EN RESPECTANT LE STYLE DE L'ŒUVRE ORIGINALE.

Au-delà du sens

Difficile d'envisager la traduction littéraire si l'on n'a pas la fibre artistique ! Car traduire un texte littéraire nécessite de maîtriser les aspects techniques de la langue tout en étant capable de retranscrire les sentiments et les émotions véhiculés par l'œuvre originale. Au-delà du sens des mots, c'est un véritable exercice de création qui exige de mettre en valeur le propos, l'atmosphère et le style du texte.

Amoureux des mots

Plusieurs genres littéraires peuvent être traduits : romans, essais, théâtre, poésie... Un exercice particulièrement exigeant pour cette dernière, la métrique devant être elle aussi respectée, ainsi que les rimes. Dans tous les cas, le traducteur littéraire doit avoir une parfaite connaissance de la grammaire, de la syntaxe et du vocabulaire propres à chaque langue. La rigueur vient compléter le profil de ce professionnel ayant un réel goût pour l'écriture et la littérature.

Un travail solitaire

La traduction littéraire est l'une des formes de traduction les plus prisées. Les places y sont rares et chères ! La difficulté consiste à approcher les maisons d'édition. Mais il suffit souvent de réaliser une bonne traduction pour installer une relation de confiance avec un éditeur. Indépendants, les traducteurs exercent leur travail seuls, à domicile. Il est donc indispensable de savoir se motiver et se discipliner. Le tête-à-tête avec le même ouvrage peut durer plusieurs mois, mais la rigueur doit toujours être la même !

Formation

Diplôme de niveau bac + 5 le plus souvent. Outre les écoles spécialisées comme l'Esit, l'Isit... un certain nombre d'universités proposent des masters spécialisés en traduction littéraire.

Lire p. 112, 116 à 119

3 QUESTIONS À...

DR

Éric Boury,
traducteur
de romans islandais

Comment êtes-vous venu à la langue nordique ?

Si j'ai choisi d'étudier l'islandais, c'est parce que cette langue et la culture de ce pays m'attiraient. Je suis arrivé à la traduction littéraire un peu par hasard. Cela n'a pas été un choix de carrière, car j'ai commencé par enseigner l'anglais. C'est en reprenant mes études d'islandais que l'un de mes professeurs, Régis Boyer, lui-même traducteur, m'a incité à m'engager dans cette voie. J'étais très réticent au début, et j'ai fini par céder... Il se trouve que, depuis quelques années, la traduction d'auteurs islandais s'est beaucoup développée en France. Et nous ne sommes qu'une quinzaine de traducteurs référencés dans cette langue.

Vous avez vécu en Islande... Quel bénéfice en avez-vous tiré pour la traduction ?

J'ai vécu 3 ans en Islande au cours desquels je me suis totalement intégré à la société islandaise. Il est indispensable d'avoir vécu quelque temps dans le pays dont on traduit la langue, car il y a toute une dimension culturelle à prendre en compte. En islandais, il existe par exemple 15 mots pour dire « neige ». Il faut avoir été immergé dans la culture du pays pour appréhender toutes les nuances d'expression. Sinon on risque de traduire des choses dont on ne comprend pas toutes les implications.

Pour quelles raisons continuez-vous à enseigner ?

J'ai toujours voulu enseigner. Au début, j'ai continué l'enseignement parce que la traduction seule ne me permettait pas de subvenir à mes besoins. Aujourd'hui, je pourrais me contenter de la traduction pour vivre, mais j'aime l'enseignement. Il y a quelque chose de beau dans la transmission...

Traducteur/trice technique

RAPPORT SCIENTIFIQUE, MODE D'EMPLOI, CONTRAT COMMERCIAL... À LUI DE TRANSPOSER CES TEXTES QUI FONT SOUVENT APPEL UN VOCABULAIRE TRÈS SPÉCIFIQUE.

Des domaines particuliers

Si la traduction littéraire et le sous-titrage de films font rêver, ils ne représentent que la partie émergée de l'iceberg ! La grande majorité des professionnels traduit des textes plus techniques, parfois ardus, pour le compte des entreprises, dans l'un des 25 domaines recensés par la Société française des traducteurs (SFT). Le traducteur technique intervient dans les domaines des techniques et technologies. Il traduit des documents concernant les outils, produits, machines, technologies, matières premières, processus... se rapportant à des champs d'activité particuliers (par exemple, les télécommunications, la métallurgie, le textile...).

Beaucoup de recherches

D'un document sur le sablage des métaux au guide d'utilisateur d'une parqueteuse, il peut tout traduire. Autant dire qu'il devra d'abord effectuer des recherches documentaires sur la terminologie, très précise. Traduisant un texte en langue étrangère vers leur langue maternelle, ces professionnels doivent bien entendu posséder un français irréprochable pour être le plus concis possible. La plupart se spécialisent dans un ou plusieurs domaines.

Savoir prospecter

Malgré la concurrence, l'anglais représente le plus gros marché, loin devant le japonais, le chinois ou le russe. Le plus souvent indépendants (enregistrés ou non dans des agences), les traducteurs doivent apprendre à démarcher pour se constituer une clientèle. Et à gérer leur temps pour travailler efficacement, souvent dans l'urgence.

FORMATION

Diplôme de niveau bac + 5.
Master de traduction avec une spécialisation en terminologie.

Lire p. 112 à 114

3 QUESTIONS À...

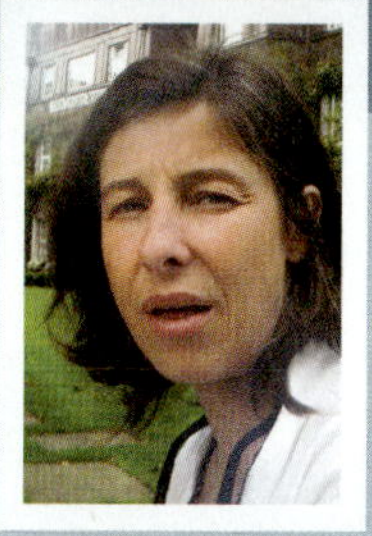

DR

Julie Ghibaudo,
traductrice technique

Quels sont vos domaines de spécialité ?

Un traducteur technique a toujours plusieurs domaines d'expertise. Les miens sont l'œnologie, le marketing et le droit. L'œnologie représente une part très minime de mon activité : traductions de fiches de dégustation, de publicités, de sites web... Côté juridique, je traduis des contrats, des conventions. Pour le marketing, cela peut aussi bien être un communiqué de presse qu'un manuel consacré au bon usage des réseaux sociaux.

Comment s'y forme-t-on ?

La spécialisation vient avec l'expérience. Pour ma part, j'avais effectué mon mémoire de traduction sur l'œnologie. Il est indispensable d'enrichir en permanence ses connaissances dans ses domaines d'expertise. Les langues de départ (dans mon cas, l'anglais et l'espagnol) sont importantes, mais il faut surtout maîtriser le vocabulaire technique dans la langue d'arrivée. Je lis notamment des revues et des ouvrages spécialisés. Les traducteurs disposent aussi d'outils informatiques d'aide à la traduction.

Vous êtes indépendante... Qu'implique ce statut ?

Principale difficulté lorsque l'on se met à son compte : trouver des clients. Il faut tout le temps prospecter. Comme démarcher ne suffit pas, je parle beaucoup de mon métier autour de moi. Gérer l'ensemble des projets est également délicat. On alterne les périodes difficiles durant lesquelles le travail s'accumule et les moments plus calmes. Il y a des semaines où l'on dort peu et où l'on travaille le week-end ! La peur de perdre un client nous pousse malheureusement à ne jamais refuser une traduction !

Vendre, négocier

© WEBPHOTOGRAPHEER / ISTOCKPHOTO

Pour répondre aux besoins des entreprises, ces professionnels associent la pratique des langues étrangères à des connaissances en économie-gestion, logistique, droit...

Acheteur international • Chef de produit touristique • Commercial export • Ingénieur d'affaires international • Juriste international • Logisticien international

BON À SAVOIR

Formation

À bac + 2 ou + 3, les BTS et licences pro ciblent les fonctions d'assistant. À bac + 5, les masters apportent une double compétence en langues et en économie-gestion, ou logistique ou droit. Sans oublier les écoles de commerce et les IEP (instituts d'études politiques).

Débouchés

Avec l'ouverture de nouveaux marchés à l'international, les entreprises recherchent des candidats parlant au minimum l'anglais, la langue « des affaires » par excellence. Maîtriser une seconde langue peut faire la différence.

Conditions de travail

Fréquents, les déplacements à l'étranger font partie du quotidien de ceux qui choisissent les métiers du commerce international. Quitte à s'installer à Shanghai, Londres ou Moscou... Une excellente capacité d'adaptation et une réelle ouverture d'esprit sont indispensables.

RENCONTRE AVEC...

Hoï-Yan Liliane,

acheteuse matières premières prêt-à-porter pour une maison de couture (Paris)

DR

SON PROFIL

Est titulaire d'une maîtrise de chinois mandarin et d'un diplôme en commerce international CPEI-Inalco

Premiers pas professionnels en tant qu'assistante export puis chef de zone export chez Hermès

« LA COMMUNICATION AVEC LES FOURNISSEURS SE DOIT D'ÊTRE PARFAITE. CONNAÎTRE LA CULTURE D'UN PAYS EST UN PLUS. »

« *C'est un peu l'aboutissement d'un rêve de petite fille... J'ai toujours eu le goût des belles choses* », sourit Hoï-Yan Liliane, débordée mais sereine à quelques jours de la « Fashion Week ». Une semaine durant laquelle les plus grandes marques présentent leurs nouvelles collections.

Matières et tapis rouge

« *Ce rendez-vous de la mode va bien au-delà du tapis rouge et des paillettes* », résume la jeune femme, chargée des achats et de l'approvisionnement dans une maison de couture française. « *Nos fournisseurs découvrent comment les matières sélectionnées ont été travaillées, mises en forme. Cela donne lieu à des échanges techniques sur un produit, sur d'éventuelles améliorations à apporter.* » Depuis 6 ans, Hoï-Yan Liliane travaille avec les informations du studio qui sélectionne les matières premières destinées à des créations originales : soie, laine, jean, boutons... Pour ses collections, la maison s'approvisionne aux quatre coins du monde.

Négocier du rêve

Hoï-Yan Liliane finalise l'achat auprès des fournisseurs. « *Je négocie les prix, les délais de livraison. Nous avons aussi des exigences par rapport à la qualité des matières. Nous demandons par exemple des modifications sur le tissage des fils. Cela implique de connaître le vocabulaire lié à la résistance des tissus, à la tenue des couleurs. J'aime expliquer aux industriels que derrière tout ça il y a le rêve de nos clients.* »

L'anglais des affaires

Amoureuse des belles étoffes, Hoï-Yan Liliane l'est aussi de la langue chinoise, celle de ses parents. « *J'ai souhaité l'approfondir durant mes études pour jouer cette carte à l'international.* » Actuellement, elle négocie uniquement en anglais et prend des cours d'italien, un atout dans le milieu de la mode. « *Je n'aborde pas la relation commerciale de la même façon avec un fournisseur japonais ou italien. Dans ce métier, la communication se doit d'être parfaite, et connaître la culture d'un pays est un plus.* » Son avenir professionnel, Hoï-Yan Liliane l'envisage avec plaisir et détermination. Avec, si possible, une ouverture sur la Chine. ■

Acheteur/euse **international**/e

SA MISSION ? ACHETER, AUX QUATRE COINS DU MONDE, LES PRODUITS DONT SON ENTREPRISE A BESOIN EN NÉGOCIANT LES MEILLEURES CONDITIONS.

Habile négociateur

Tissus et rubans pour la mode, vins et boissons dans la grande distribution, puces électroniques dans la téléphonie… quelques exemples, parmi d'autres, de produits recherchés par l'acheteur international ! Pour évaluer le marché et dénicher la société qui répond le mieux à sa demande (prix, délais de livraison, qualité…), ce commercial analyse l'offre des fournisseurs, se rend sur les salons, chez les industriels… Commence alors la phase de négociation, parfois difficile. La qualité des relations qu'il noue avec les fournisseurs est essentielle, de même que l'étendue de son réseau.

Finance et droit

Ce professionnel possède des compétences en analyse financière et en droit des contrats. À l'aise avec les chiffres, il est capable de surveiller de près la courbe des ventes et l'état des stocks. Il connaît bien les réglementations douanières, le transport international… La maîtrise de l'anglais s'impose sur tous les marchés, mais une seconde langue peut être un atout.

Pièces ou produits finis

L'acheteur international peut travailler dans la distribution : il est alors salarié d'une centrale d'achats ou d'un magasin, chargé d'acheter des produits finis (habillement, alimentation, audiovisuel…). Dans l'industrie, en revanche, il recherche plutôt des matériaux ou des pièces détachées pour des machines. Sa responsabilité est lourde : un retard dans l'approvisionnement, des achats surévalués… et l'entreprise est en péril. Il fait donc preuve de rigueur et de réalisme dans ses choix.

Formation

Master LEA et/ou commerce international (entre autres, celui de l'Inalco), école de commerce.

Lire p. 132, 133

Chef de produit touristique

UN TREK EN ALGÉRIE, UNE CROISIÈRE EN NORVÈGE, UN SÉJOUR ÉCOLOGIQUE AU VIÊT-NAM… CE CHEF DE PROJET PARCOURT LE MONDE ET CONÇOIT DES VOYAGES.

Tester sur place

Son rôle : concocter les circuits des agences de voyages ou des tour-opérateurs proposés dans les catalogues et sur les sites. Quelle que soit la formule envisagée, le chef de produit touristique se rend sur place afin de rencontrer les partenaires locaux (guides, transporteurs, hôteliers…). Il teste lui-même les prestations (chambres d'hôtel, animations, excursions…) et négocie les prix. Cette phase de préparation l'amène à se déplacer plusieurs fois par an et à parler au moins une langue étrangère (anglais), voire la langue du pays. Un moyen de nouer des relations de confiance avec les prestataires étrangers.

« Ficeler » son produit

De retour au siège, il se consacre à l'élaboration technique de son produit : devis, liaisons aériennes, dates de départ… Pas de place pour le hasard ! Des prix mal négociés et le voyage n'est plus attractif… Une fois la formule « rodée », à lui de modifier ses circuits, en fonction d'éventuels changements. Pour se tenir informé, il s'appuie sur les correspondants locaux et échange régulièrement avec eux, en anglais ou dans une autre langue.

Dans l'air du temps

Spécialisé sur une zone géographique ou une activité (la randonnée, par exemple), le chef de produit doit « saisir » l'air du temps. Objectif : concevoir des offres en phase avec les attentes des clients (le tourisme écologique, par exemple). Il n'hésite donc pas à se plonger dans les données économiques, les études de marché, et à fréquenter les salons professionnels du tourisme…

Formation

Au niveau bac + 2, le BTS tourisme est le diplôme de base. Poursuite d'études possible en licence pro (bac + 3). Un bac + 5 (diplôme d'école de commerce, master marketing ou tourisme) est apprécié. La connaissance d'un pays ou d'une zone peut être un plus.

Lire p. 124, 131, 133

Commercial/e export

CE COMMERCIAL SANS FRONTIÈRES ENTRETIENT UN PORTEFEUILLE DE CLIENTS INTERNATIONAUX ET DÉVELOPPE DE NOUVEAUX MARCHÉS À L'ÉTRANGER.

Deux voire trois langues

Comment importer des matières premières à moindre coût ? Auprès de quels pays décrocher de nouveaux contrats ? Sur quel continent exporter une nouvelle gamme ? Chargé de développer les parts de marché de son entreprise dans une zone du monde, ce commercial bilingue (voire trilingue) partage son temps entre le bureau et ses tournées à l'étranger. Au siège, il assure le suivi des commandes, étudie les marchés potentiels... Le reste du temps, il part en déplacement et se rend dans des salons professionnels pour prospecter, rencontrer ses principaux clients étrangers.

Expert en réglementations

Capable de discuter les prix pour mieux vendre les produits de son entreprise, il sait également gérer les questions pratiques liées à la circulation des marchandises exportées. Il doit notamment connaître la réglementation des transports, de l'assurance et des douanes, le droit des affaires et des contrats. Autonome, il sait faire face aux difficultés rencontrées loin de son siège et prendre des décisions stratégiques pour son entreprise.

Déjouer les pièges

Négocier avec des acheteurs étrangers implique de maîtriser la langue des affaires (l'anglais) et, très souvent, une autre langue, en fonction des marchés ciblés par l'entreprise et de ses filiales. Ce commercial sans frontières gère une zone plus ou moins étendue, d'un ou de plusieurs pays. Ses principaux atouts : tenir compte des particularismes locaux et comprendre le fonctionnement d'une société étrangère, en déjouant les pièges administratifs !

Formation

BTS commerce international avec une expérience en tant qu'assistant export, école de commerce, master LEA et/ou commerce international (entre autres, celui de l'Inalco).

Lire pp. 125, 132, 133

3 QUESTIONS À...

DR

Amandine Imbert,

commerciale import-export pour la société Distrimpex (Saint-Rémy-de-Provence)

Le commerce, est-ce un choix ?

Ma première motivation était de partir à l'étranger pendant mes études. Une opportunité offerte par le cursus en licence de LEA Europe à l'université de Provence. En 2e année, j'ai passé 1 an en Angleterre dans une formation tournée vers le commerce. Et, en 3e année, j'ai découvert un autre aspect dans une université espagnole : la traduction. J'ai alors réalisé que pratiquer les langues « seules » ne m'intéressait pas... et je me suis tournée vers un master en alternance spécialisé en commerce international, et orienté vers l'export dans les PME. Dans ce cadre, j'ai effectué une mission pour une société qui exportait en Belgique, et qui m'a confié le développement de l'export en Espagne. Ça a été le déclic !

Qu'appréciez-vous dans votre métier ?

Aujourd'hui, je travaille pour une petite entreprise qui exporte des sachets plastiques. Nous avons une filiale en Europe centrale, en Slovaquie. Je suis plus particulièrement en charge de certains pays de la zone Europe du Sud : Portugal, Espagne, Italie... J'apprécie de pouvoir associer la pratique des langues avec les spécificités de la démarche commerciale.

Pratiquez-vous quotidiennement les langues ?

Oui, je parle anglais avec les clients d'Europe centrale et espagnol avec ceux d'Europe du Sud. Lorsque je prospecte, je suis généralement en relation avec les acheteurs. J'échange directement au téléphone et par mail. Je me déplace finalement peu sur l'année, mais les contacts sont nombreux et vivants. Quant au vocabulaire commercial et technique lié aux produits exportés, il s'apprend sur le tas, une fois dans l'entreprise.

Ingénieur/e d'affaires international/e

SOUVENT EN DÉPLACEMENT, IL ASSURE L'INTERFACE ENTRE SON ENTREPRISE ET LES CLIENTS ÉTRANGERS. À MI-CHEMIN ENTRE LE COMMERCIAL ET LE TECHNICIEN.

Formation

Un diplôme d'école d'ingénieurs, avec une éventuelle spécialisation en ingénierie d'affaires internationales (en partenariat avec une école de commerce, par exemple).
Lire p. 133

Du sur-mesure

Télécoms, informatique, conseil... de nombreuses entreprises industrielles ou de services ont besoin d'un ingénieur d'affaires. Son rôle ? Entrer en contact avec les clients potentiels (PME, grands comptes...) basés aux quatre coins du monde, afin d'accompagner la commercialisation d'un produit. Une fois le besoin du client identifié, à lui de proposer une solution sur mesure prenant en compte divers aspects : technique, commercial, marketing, juridique... Autre mission : entretenir un portefeuille clients à l'international.

Double casquette

Du cahier des charges à la négociation des contrats, en passant par le planning de fabrication et la livraison, ce coordinateur de projet échange avec le bureau d'études et le service technique. Ce qui le différencie d'un commercial ? Son profil d'ingénieur et des compétences parfois pointues. Cette double casquette l'amène à être rattaché aussi bien à la direction commerciale qu'à la direction technique.

Globe-trotter

Réunions de travail avec un client, suivi de chantier, démarchage... l'ingénieur d'affaires est très souvent en déplacement à l'étranger. Il négocie généralement en anglais (la « langue des affaires »), mais peut maîtriser d'autres langues, s'il concentre son activité sur un pays ou une zone du monde (Amérique du Sud, Europe centrale, Asie...). Pour bien négocier et comprendre ses interlocuteurs, il a tout intérêt à connaître les codes culturels et à s'immerger dans les pratiques professionnelles régionales ou locales.

Juriste international/e

ACHATS ET VENTES, FUSIONS-ACQUISITIONS, CONTREFAÇONS... SES COMPÉTENCES EN DROIT SONT INDISPENSABLES POUR UNE ENTREPRISE TRAVAILLANT À L'INTERNATIONAL.

Un expert-conseil

Un contrat commercial avec une entreprise russe, l'implantation d'une filiale en Croatie, le rachat d'une société mexicaine... autant de situations qui impliquent l'intervention de ce juriste calé en droit national et étranger. Sa mission : défendre et protéger les intérêts de la société qui l'emploie. À lui de s'assurer que celle-ci agit en conformité avec la loi et de vérifier la légalité de tous les contrats. Associé aux décisions commerciales et financières, il accompagne les dirigeants dans les négociations pour discuter les termes d'un accord, fixer les règles d'une future collaboration.

Ouvert sur le monde

Acteur majeur de la stratégie de sa société, ce juriste évalue les risques des opérations menées et imagine les montages juridiques les plus avantageux. Ne laissant rien au hasard, il se tient informé des nouvelles lois dans des domaines aussi pointus que les fusions-acquisitions, par exemple. Dans un contexte internationalisé, il maîtrise impérativement une à deux langues étrangères, dont l'anglais. Sa capacité à s'adapter à la culture des pays avec lesquels il travaille lui permet d'assurer une relation de qualité avec le client.

En interne ou consultant

Les grandes entreprises et multinationales emploient généralement un ou plusieurs juristes internationaux. Parallèlement des professionnels du droit international proposent leurs services en tant que consultants. Vivre à l'étranger constitue un atout majeur pour obtenir un poste.

Formation

Master en droit des affaires internationales. Un double cursus (droit + langues ou droit + école de commerce ou IEP) est également apprécié.

Lire p. 131

Logisticien/ne international/e

STOCKAGE, EMBALLAGE, TRANSPORT... LES MARCHANDISES SUIVENT UNE LONGUE CHAÎNE D'INTERVENTIONS ORCHESTRÉES PAR CET EXPERT.

Des défis quotidiens

Livrer des produits de qualité au bon endroit, au bon moment et au moindre coût... en veillant à l'entreposage, au stockage, à l'emballage et au transport des marchandises, c'est la mission du logisticien. Un camion qui n'arrive pas, une personne à remplacer au pied levé... à lui de résoudre rapidement le problème pour éviter des retards. Lorsqu'il travaille à l'international, ce professionnel doit impérativement connaître la législation du ou des pays concernés (formalités de douanes, droit des transports...).

Toujours mieux

Les postes offerts aux débutants sont souvent proposés par des prestataires spécialisés en transport. Dans ce cadre, le logisticien traite directement avec les clients et coordonne la gestion des stocks, en pilotant une équipe. Dans un groupe international, il supervise plutôt des responsables d'entrepôt et coordonne l'activité de plusieurs dizaines de personnes. Dans tous les cas, à lui d'harmoniser les procédures logistiques d'un pays à un autre, en réduisant les coûts... En résumé : faire toujours mieux !

Surtout en anglais

Souvent en déplacement, le logisticien se rend directement sur les lieux de stockage. Il communique le plus souvent en anglais. Avec l'élargissement des marchés, une seconde langue peut faire la différence et s'avérer stratégique d'un point de vue commercial. Par ailleurs, de sérieuses connaissances juridiques et fiscales liées au transport s'imposent. De même que la maîtrise des logiciels pour gérer efficacement les stocks, les commandes et la distribution.

FORMATION

Selon la taille de l'entreprise, licence pro ou master (logistique, LEA, commerce international), écoles de commerce, d'ingénieurs ou spécialisées.

Lire pp. 129, 130, 132, 133

3 QUESTIONS À...

DR

Sylvain Bodinier,
expert logistique
chez Lactalis (Laval)

Quel a été votre parcours ?

Depuis le lycée, je souhaitais pratiquer des langues étrangères, sans avoir une idée précise de métier. J'ai donc choisi un cursus en LEA à l'université de Nantes. Parallèlement, j'ai découvert le secteur de la logistique, à travers l'expérience de deux proches. Cela m'a amené à me spécialiser en master logistique internationale, à Nantes. Ce qui m'a plu, c'est l'idée d'associer la compétence linguistique à un métier motivant.

Accède-t-on facilement à la dimension internationale ?

On devient d'abord logisticien, puis on vise la dimension internationale... C'est en tout cas ce qui s'est passé pour moi ! Mon stage de dernière année de master chez Lactalis, un groupe implanté dans 120 pays, a débouché sur un CDD, puis sur un premier emploi centré sur la logistique des sites en France. Après 2 ans à ce poste, j'ai pu accéder à des fonctions d'expert logistique à l'international. Je conseille aux jeunes de ne pas hésiter à mettre de côté la pratique des langues pendant 1 ou 2 ans pour acquérir une solide expertise en logistique. C'est d'abord ce que recherchent les recruteurs, même si la compétence linguistique est, dans un second temps, un atout.

En quoi les langues facilitent-elles votre travail ?

Mon rôle est d'adapter le schéma logistique français aux pays dans lesquels le groupe est implanté. Lorsque je rencontre les personnes sur place, parler un anglais technique et maîtriser un vocabulaire professionnel facilite la communication. Mais utiliser la langue de mes interlocuteurs, que ce soit l'anglais ou l'espagnol, que je compte apprendre prochainement, permet aussi d'avoir des relations plus conviviales. Ça a son importance !

ÉTUDES

Un bac + 2, est-ce suffisant ?

Tout dépend de son projet professionnel. Avec un BTS (bac + 2), on peut débuter comme assistant de manager ou assistant dans un service commercial, par exemple. De nombreux diplômés poursuivent leurs études en licence pro (bac + 3), tremplin vers un meilleur niveau d'insertion. Une licence pro est également suffisante pour devenir guide-conférencier. Néanmoins, la plupart des métiers liés aux langues nécessitent un niveau d'études supérieur. Un bac + 5 est requis pour devenir traducteur, interprète, mais aussi diplomate, logisticien ou responsable marketing. Et, même à ce niveau, la concurrence entre diplômés est rude.

Études de langues : fac ou école ?

Tout dépend de son projet professionnel, et il existe désormais de nombreuses passerelles entre les deux voies. Généralement, il est conseillé d'acquérir une solide base à l'université, en suivant un cursus en licence (bac + 3) LLCE ou LEA par exemple. On peut ensuite le compléter par un master (bac + 5) ou rejoindre une école spécialisée, en traduction, en commerce ou en communication par exemple. En revanche, ceux qui souhaitent devenir enseignants doivent impérativement passer par une formation universitaire pour présenter les concours, en master.

Faut-il se spécialiser tôt ?

Ce n'est pas une obligation. Il est toujours possible de changer de projet professionnel et de filière en cours de formation, surtout jusqu'au niveau bac + 3 (licence, licence pro...). Les écoles spécialisées de traduction, par exemple, recrutent des profils très variés. De nombreux masters s'ouvrent aussi à des cursus divers, avec une bonne maîtrise en langues exigée. En revanche, pour certains métiers, le choix d'une filière s'impose. C'est le cas pour les étudiants qui envisagent de passer les concours d'enseignant. LLCE est alors la mieux adaptée.

LES POINTS CLÉS

Indispensable, la double compétence ?

Dans certains métiers, notamment ceux du commerce international, la maîtrise d'une ou deux langues étrangères doit impérativement être complétée par d'autres connaissances, que ce soit en techniques de vente, en droit, en marketing, en logistique ou encore en communication... Les entreprises recherchent des profils ayant validé cette double compétence en langues et dans le domaine d'expertise concerné.

Une ou deux langues ?

Pour enseigner une langue ou devenir formateur, une seule suffit. Mais, pour envisager de se former à d'autres métiers (traducteur, interprète...), la maîtrise de deux langues est exigée, à l'entrée des écoles notamment. Pour les métiers du commerce, sans être impérative, une seconde langue en plus de l'anglais est devenue un atout sur le marché de l'emploi. À l'université, la filière LEA implique d'ailleurs d'être prêt à approfondir ses connaissances dans deux langues étrangères et non une seule...

© JACQUES ERARD / UNIGE

AIMER LES LANGUES, C'EST BIEN, MAIS CERTAINES QUESTIONS S'IMPOSENT : FAUT-IL APPRENDRE UNE OU DEUX LANGUES ? SE FORMER À L'UNIVERSITÉ OU EN ÉCOLE ? S'ENGAGER POUR 2, 3 OU 5 ANS ? QUELQUES PISTES.

Quelles études pour quels diplômes ? La durée des formations, le type d'établissement et les modalités de sélection varient. Dans tous les cas, il existe des passerelles entre les différents parcours.

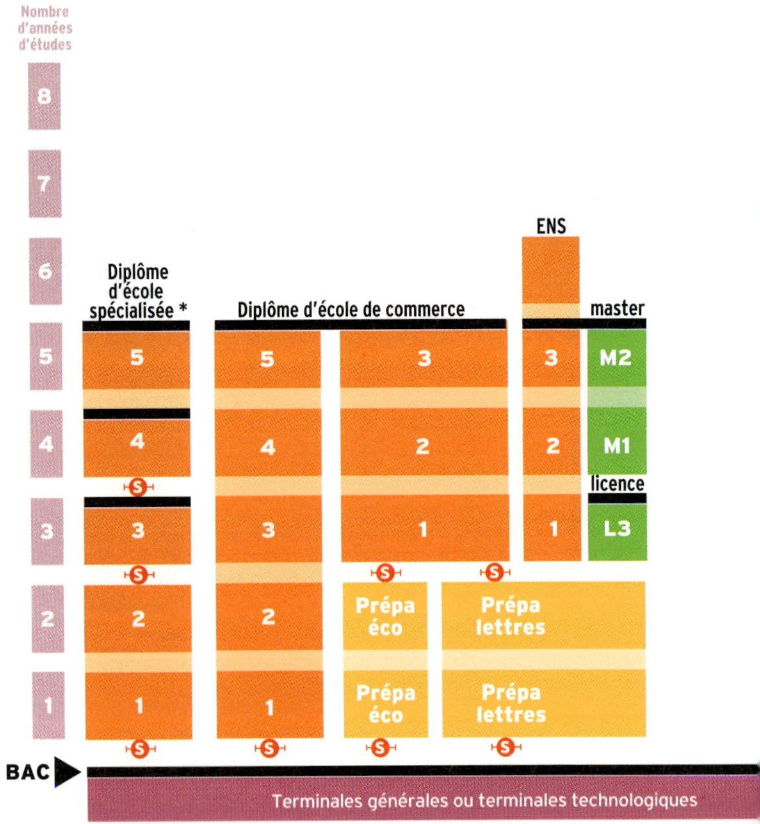

SCHÉMA DES ÉTUDES

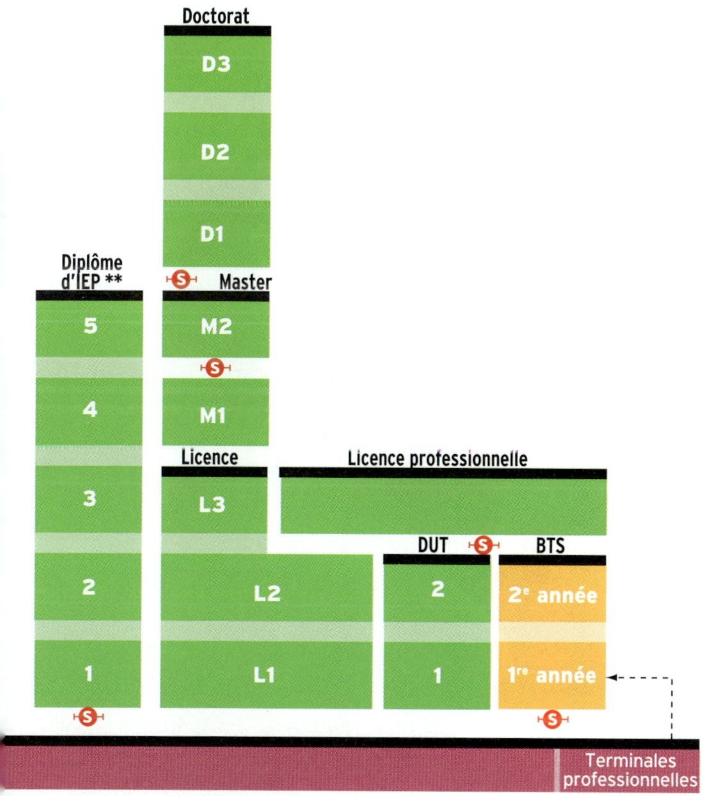

LÉGENDE

Lycée

Université

École

Diplôme

S Accès sélectif

Accès de droit pour les meilleurs élèves de bac professionnel

* Écoles de traduction et d'interprétation, de relations internationales

** Hors Science Po Paris

LEXIQUE

BTS : brevet de technicien supérieur

CPGE : classe préparatoire aux grandes écoles

ENS: écoles normales supérieures

IEP : institut d'études politiques

L : licence

M : master

Les études de langues

© CAROLE PAROD / UNIGE

DU LYCÉE AU SUP

SI L'ÉTUDE DES LANGUES ÉTRANGÈRES COMMENCE À L'ÉCOLE ÉLÉMENTAIRE, C'EST AU COLLÈGE QUE L'ON PEUT CHOISIR D'APPROFONDIR CE DOMAINE. L'APPRENTISSAGE D'UNE LV3 DÉBUTE EN CLASSE DE 2DE. ET UNE SPÉCIALISATION EN LANGUES VIVANTES EST PROPOSÉE EN 1RE PUIS EN TERMINALE POUR LA SÉRIE L DU BACCALAURÉAT. UN CHOIX QUI PRÉPARE À LA POURSUITE D'ÉTUDES EN LICENCE LEA OU LLCE À L'UNIVERSITÉ. D'AUTRES BACS PERMETTENT D'ENVISAGER UN CURSUS SUPÉRIEUR EN LANGUES OU BIEN PORTÉ VERS L'INTERNATIONAL : ES, S, MAIS AUSSI STMG OU HÔTELLERIE.

Les langues au lycée

Une, deux, parfois trois langues vivantes... comment et à quel moment faire son choix au lycée ? Quelle filière offre le plus grand nombre d'heures d'enseignement ? Quel est le poids des langues au bac ?

© JÉRÔME PALLÉ / ONISEP

Au lycée, LV1 et LV2 obligatoires

En 2de générale et technologique (GT), tous les élèves suivent deux enseignements de langues vivantes (LV1 et LV2), à raison de 5 heures et demie par semaine. L'organisation en groupes de compétences facilite le travail sur la communication. L'expression orale est favorisée durant le lycée. En LV1, la langue la plus choisie par les élèves de 2de GT reste l'anglais (94 % des élèves), suivie de l'allemand (5 %). Pour la LV2*, on retrouve l'espagnol en première position (71 %), suivie de l'allemand (17 %), de l'anglais et de l'italien (6 % chacune). L'étude de ces deux langues vivantes se poursuit en classes de 1re et de terminale, quelle que soit la série de bac choisie.

Choix de LV3 en 2de : le trio de tête

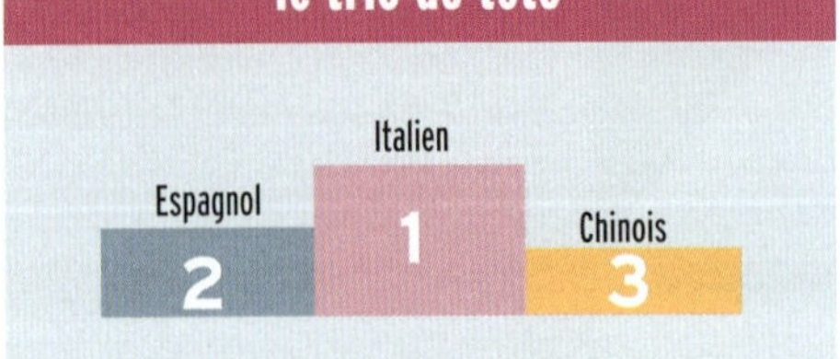

Source : ministère de l'Éducation nationale, Direction générale de l'enseignement scolaire, bilan de la rentrée scolaire, second degré public 2012-2013.

La LV3 : pour les plus motivés

En 2de, il est possible d'étudier une 3e langue (3 heures) dans le cadre d'un enseignement d'exploration ou d'un enseignement facultatif. En 2012, plus de 9 % des élèves de 2de apprenaient une LV3[1]. Un choix stratégique qui permet de démarrer des langues rares comme le chinois, le japonais, l'arabe... mais qui demande du travail. Motivation exigée ! Le chinois est par ailleurs de plus en plus demandé dans les lycées : entre 2011 et 2012, le nombre d'élèves a bondi de 13 % ! L'étude de cette LV3 peut se poursuivre en 1re et en terminale en enseignement facultatif dans les séries L, ES, S, STAV, hôtellerie. La LV3 peut rapporter des points au bac (seuls les points au-dessus de la moyenne sont pris en compte). 11,5 % des élèves de terminale L suivent un enseignement facultatif LV3, suivi des ES (7,3 %) et des S (4,6 %).

Langues vivantes à l'honneur en L

Parmi les bacs généraux, la série L est celle qui accorde le plus d'importance aux langues. En 1re et en terminale, les littéraires ont en moyenne 6 heures de cours obligatoires par semaine (au lieu de 4 en ES ou S) : aux cours de LV1 et de LV2 s'ajoute un enseignement en littérature étrangère en langue étrangère.

La série L est par ailleurs la seule à proposer une spécialité langues vivantes en 1re et en terminale. Les élèves qui font ce choix peuvent soit approfondir la LV1 ou la LV2, soit apprendre une LV3 (3 heures par semaine). En 2012, près de 44 % des élèves de terminale L ont choisi de suivre la langue vivante renforcée en enseignement de spécialité et 8 % la LV3.

Le poids des langues au bac est aussi plus important que dans les autres séries : coefficient 9 en L pour les épreuves du tronc commun, contre 5 en S et en ES, et coefficient 4 pour l'épreuve de spécialité. Au bac, les littéraires sont évalués à l'oral pour les épreuves de littérature étrangère et de langue approfondie.

La série L est donc à conseiller aux élèves qui veulent s'orienter après le bac vers des études supérieures de langues : en LLCE, la moitié des étudiants de L1 ont un bac L (un tiers en LEA).

ES, S et bacs techno

Les séries ES et S comprennent l'étude d'une LV1 et d'une LV2 (4,5 heures en 1re, 4 heures en terminale), mais ne proposent pas l'approfondissement d'une de ces langues en enseignement de spécialité. Il est néanmoins possible pour ces bacheliers de poursuivre des études supérieures de langues. Ainsi, un tiers des étudiants en L1 LEA viennent de ES (1 sur 5 en L1 LLCE). Quant aux bacheliers S, ils représentent 10 % des effectifs en licence de langues.

Parmi les bacs techno, les séries STMG et hôtellerie, qui débouchent sur des formations à fort potentiel « international » (BTS hôtellerie, tourisme, commerce international ; licence LEA...), proposent le plus grand nombre d'heures de langues : 4,5 heures en 1re et 5 heures en terminale STMG (contre 3 heures le plus souvent) ; 6 heures en hôtellerie. Un enseignement technologique en langues vivantes (1 heure) est prévu dans les séries STI2D, STD2A, STL. Le poids des langues au bac varie selon les séries préparées : coefficient 5 au bac STMG contre coefficient 4 ailleurs. ■

1. À noter : la LV2 ou LV3 peut être une langue régionale (breton, catalan...).

INFOS +

Les sections européennes et internationales

Certains lycées offrent une vraie préparation à l'international avec des sections européenne ou de langues orientales, voire une section internationale, accessible sous certaines conditions. Une voie réservée aux élèves ayant un très bon niveau en langues, et motivés par l'international. Elle permet de se plonger dans une autre culture, grâce aux cours, aux échanges, aux voyages pédagogiques...

LES SECTIONS LINGUISTIQUES À LA LOUPE

Sections européennes, orientales, internationales... ces voies permettent de se plonger dans une autre culture, mais surtout de se préparer à la mobilité étudiante en décrochant par exemple un double diplôme.

Sections binationales (Abibac, Bachibac, Esabac)

Où ?

Dans 165 lycées généraux. L'Abibac (allemand) est le plus répandu des bacs binationaux (74 lycées), suivi du Bachibac (espagnol ; 58 lycées) et de l'Esabac (italien ; 42 lycées). Ce sont les académies frontalières qui proposent généralement le plus ces sections : Strasbourg pour l'Abibac (23 % des lycées) ; Grenoble et Nice pour l'Esabac (41 %).

Pour qui ?

À l'entrée de la 2de : les élèves ayant un bon potentiel de progression dans la langue de la section et une forte motivation. Avoir suivi une section bilangue et/ou européenne au collège est un atout. Possibilité d'entrer en 1re sous conditions (avoir atteint le niveau B1 du CECRL - Cadre européen commun de référence pour les langues).

Quelle sélection ?

Sur dossier (bulletins scolaires, avis de l'enseignant en langue et du professeur principal, lettre de motivation...), et éventuellement entretien. Par exemple, au lycée Maurice Ravel de Paris, examen d'un dossier puis deux entretiens pour évaluer la motivation et le niveau de langues.

Quel programme ?

Les sections binationales permettent aux élèves de suivre un parcours de formation spécifique élaboré avec un pays partenaire (l'Allemagne pour l'Abibac, l'Espagne pour le Bachibac et l'Italie pour l'Esabac). L'objectif est d'acquérir et d'approfondir la communication dans la langue de la section, mais aussi la connaissance de la civilisation du pays partenaire. Pour cela, deux disciplines sont enseignées dans la langue du pays partenaire : langue, civilisation et littérature (6 heures ; étude d'œuvres littéraires, aspects culturels et sociaux, connaissance de l'actualité et des débats du pays...), et au moins une discipline non linguistique (DNL), souvent l'histoire-géographie (4 heures), qui se substituent aux horaires normaux. Échanges prévus, sorties culturelles...

Et après ?

Délivrance simultanée du baccalauréat général et du diplôme correspondant du pays concerné (*Abitur* pour l'Allemagne, *Bachillerato* pour l'Espagne, et l'*Esame di Stato* pour l'Italie). Cette double délivrance ouvre les mêmes droits à ses titulaires dans les deux pays, notamment pour l'accès à l'enseignement supérieur. ■

« TÉMOIGNAGE

De nombreux échanges

Nous partons chaque année en échange scolaire à Berlin, où se trouve notre lycée partenaire. Nos élèves sont logés dans la famille de leur correspondant. Les élèves allemands viennent ensuite en France, et nous organisons des sorties au théâtre, au musée... De plus, nous incitons vivement nos élèves à partir seuls, par le biais de programmes d'échanges encadrés par l'OFAJ, comme Brigitte Sauzay (qui permet de partir 3 mois en Allemagne), ou encore Voltaire (6 mois). Pour maîtriser la langue, c'est l'idéal. Quasiment tous nos élèves de 2de font ce choix. Ils partent dès le mois d'avril, et passent une partie de leurs vacances d'été là-bas. »

Simone Neumaier, professeure d'allemand en Abibac au lycée Maurice Ravel (Paris)

Sections européennes ou de langues orientales (SELO)

Où ?

Dans 2 071 lycées généraux et professionnels (2 054 sections européennes ; 17 orientales). Les académies qui en proposent le plus sont Versailles, Rennes et Bordeaux. 7 langues en sections européennes (allemand, anglais, espagnol, italien, néerlandais, portugais, russe) ; 4 en langues orientales (arabe, chinois, japonais, vietnamien).

Pour qui ?

Aucune condition requise pour l'admission, hormis une aptitude et une motivation pour l'apprentissage des langues.

Quelle sélection ?

Mode de sélection propre à chaque lycée. Dossier (bulletins, lettre de motivation...), écrits, entretiens en langue...

Quel programme ?

Les élèves suivent des enseignements spécifiques (regroupés en dehors de leur classe habituelle, ou, si le nombre d'élèves est suffisant, par classe entière en 2de). À partir de la 1re, ils sont répartis selon les séries choisies et se réunissent pour les heures spécifiques à la section. Au programme : une ou plusieurs « disciplines non linguistiques » (DNL) dispensées dans la langue de la section, et qui s'ajoutent aux horaires traditionnels. Activités culturelles, séjours à l'étranger et échanges (accueil d'un correspondant)..., pour une connaissance approfondie de la civilisation du ou des pays d'expression de la langue étudiée.

Et après ?

Pour avoir la mention section européenne ou section de langue orientale sur le baccalauréat, il faut avoir obtenu au moins 12/20 à l'épreuve de langue vivante de la section, et 10/20 à l'évaluation orale en langue étrangère (DNL) visant à apprécier le travail dans la section. ■

Sections internationales

Où ?

Dans 67 lycées généraux, dont 20 dans les académies de Versailles, Paris et Créteil. Les sections britanniques/américaines sont les plus répandues, parmi les 15 disponibles (allemand, arabe, britannique/américain, chinois, danois, espagnol, italien, japonais, néerlandais, norvégien, polonais, portugais, russe, suédois).

Pour qui ?

Les élèves français issus d'une section internationale de collège, ou qui ont effectué tout ou partie de leur scolarité dans un pays où est parlée la langue de la section, ou qui attestent d'un niveau suffisant dans la langue de la section.

Quelle sélection ?

Sur dossier puis examen écrit et oral. Possibilité d'entrer directement en classe de 1re sous conditions.

Quel programme ?

Dès la 2de, ces sections permettent l'apprentissage renforcé d'une langue vivante étrangère (enseignement spécifique « langue et littérature étrangère » dans la langue de la section, 4 heures, qui s'ajoute aux horaires normaux de LV1), et d'une discipline non linguistique en langue étrangère (le plus souvent histoire géographie ou mathématiques). Les élèves préparent l'option internationale du baccalauréat (OIB), épreuves spécifiques dans les disciplines enseignées en sections internationales.

Et après ?

Les élèves obtiennent le baccalauréat général français portant l'indication « option internationale » avec mention de la langue de la section. L'OIB n'est pas un diplôme franco-étranger ; rien ne garantit qu'il soit reconnu à l'étranger, contrairement aux diplômes délivrés par les sections binationales. ■

Les langues à l'université

La « fac » reste la voie royale pour acquérir un socle de connaissances fondamentales en langues. Pour choisir sa licence, mieux vaut bien connaître le contenu des formations qui offrent chacune des débouchés et des poursuites d'études spécifiques.

Plusieurs licences au choix

Proposées dans de très nombreuses universités, deux licences concentrent l'essentiel des effectifs : LLCE* et LEA*. La première dispense une solide formation en littérature et civilisation. C'est la filière la mieux indiquée pour préparer les concours de professeur de langue étrangère. De son côté, la licence LEA s'appuie sur l'étude de deux langues étrangères appliquées au monde de l'entreprise. Elle offre des débouchés variés dans les métiers du commerce international, mais également de la traduction, du tourisme... Si l'anglais séduit un grand nombre d'étudiants, la palette est vaste, avec une offre inégale selon qu'il s'agit d'une langue courante (allemand, espagnol...) ou plus rare (chinois, hongrois, suédois...). Autre voie possible : FLE*, destinée à ceux qui envisagent d'enseigner le français à des non-francophones, avec des débouchés plus incertains. Très confidentielle, la mention LCR* n'est proposée que dans une dizaine d'universités. Elle prépare à l'enseignement d'une langue régionale (basque, breton, langue corse...), avec peu de postes offerts aux concours. Enfin, seule une poignée d'établissements proposent la licence LSF*.

Un accès souvent sélectif

Très demandées, ces filières ne peuvent accueillir tous les bacheliers qui en font la demande *via* le site Admission-postbac (APB). En LLCE, priorité aux titulaires d'un bac L qui ont suivi l'enseignement de spécialité en langue, ou d'un autre bac général, avec un très bon niveau en français (expression écrite et orale) et dans la langue demandée. La plupart des formations effectuent une sélection sur dossier et tests de langues. Selon les établissements (et le nombre de candidats), les exigences diffèrent. Il n'est pas rare que des groupes de niveau soient organisés en 1re année. Pour intégrer une licence LEA, un bon niveau dans deux langues étrangères est impératif. Et les notes obtenues au lycée dans les matières générales comme l'économie ou les maths ont aussi leur importance.

Poser les bases

Première étape des études universitaires, la licence générale (3 ans) permet d'acquérir des connaissances fondamentales dans la discipline choisie. Progressivement, elle favorise une réflexion sur le projet professionnel, à travers des parcours de préorientation (souvent en L3). Quelques exemples, en LEA : « affaires et commerce », « échanges internationaux », « tourisme »... En LLCE, de nombreuses universités proposent une sensibilisation aux métiers de l'enseignement et de la formation et, bien entendu, le parcours FLE. Autres spécialités : la traduction (« traduction et expertise linguistique » à Nantes, « métiers de la traduction » à Nancy...) ou, plus rares, « métiers de l'international », « métiers de la culture », « économie-gestion », etc.

Et après : se professionnaliser

Avec une L2, il est possible d'intégrer une licence pro dans diverses spécialisations nécessitant la pratique d'une ou plusieurs langues étrangères : traduction, rédaction technique, logistique, commerce export bilingue, guide-conférencier, etc. Sélectives, ces formations accordent une large place aux stages et à la pratique professionnelle. En master, en 2 ans après la licence (voire après une licence pro), les étudiants affinent leur projet professionnel : stages à l'étranger, échanges internationaux, projets tutorés en lien avec des entreprises... Très sélectives, ces formations accueillent, pour certaines, une majorité d'étudiants issus de LEA. Les spécialités couvrent l'ensemble des débouchés du secteur : traduction-interprétation, commerce international, relations internationales, culture et communication... ■

* FLE : français langue étrangère ; LCR : langues et cultures régionales ; LEA : langues étrangères appliquées ; LLCE : langues, littératures et civilisations étrangères ; LSF : langue des signes française.

INFOS +

Les Langues O' : 93 langues et civilisations du monde

Basé à Paris, l'Inalco (Institut national des langues et civilisations orientales) est un établissement public d'enseignement supérieur, qui couvre à lui seul 93 langues plus ou moins « rares ». Outre des diplômes d'initiation, des certificats et des diplômes pratiques (reconnus en ECTS), les Langues O' délivrent des diplômes nationaux : licences LLCE (56 langues) ; licences professionnalisantes (relations internationales, commerce international, didactique du français langue étrangère...) ; plusieurs masters. www.inalco.fr.

SIX LICENCES DE LANGUES À LA LOUPE

LEA, LLCE, FLE... quelques licences centrées sur les langues font figure d'incontournables pour envisager une poursuite d'études en master ou en écoles.

Licence langues, littératures et civilisations étrangères (LLCE)

Où ?

Dans de nombreuses universités. Néanmoins, l'offre n'est pas la même en anglais, très bien représenté, et en suédois par exemple, offert par un petit nombre seulement d'établissements.

Pour qui ?

En priorité un bac général, avec un très bon niveau en français et en langues vivantes. Accès sur dossier et, éventuellement, tests de langues. En 2011-2012, 48 % de bacs L, 21 % d'ES, 10 % de S, 9 % de STG (futurs STMG)...

Quelles langues ?

Allemand, anglais, arabe, chinois, espagnol, hébreu, italien, japonais, néerlandais, polonais, portugais, russe... mais aussi bien d'autres langues rares, dispensées surtout à l'Inalco (56 langues en LLCE).

Quel programme ?

La mention LLCE offre une formation très théorique et littéraire. L'expression écrite et la traduction des textes sont abordées de façon très technique, avec une étude approfondie de la phonétique et de la linguistique de la langue étrangère choisie. La formation s'appuie sur la culture et la littérature du (ou des) pays d'expression. Par exemple : Espagne et Amérique latine pour l'espagnol. Possibilité d'étudier une 2e, voire une 3e langue. Sachant que l'enseignement représente l'un des principaux débouchés pour cette licence (après une poursuite d'études en master), de nombreuses universités proposent des parcours de préprofessionnalisation dans ce domaine, très souvent en L3. Objectif : bien distinguer les parcours destinés à préparer à l'enseignement de ceux qui orientent vers la traduction et l'interprétariat.

Et après ?

Master MEEF (métiers de l'enseignement, de l'éducation et de la formation, 2 ans) en vue des concours de professeur de langue étrangère : CAPLP langues-lettres (espagnol ou anglais) ou CAPES dans la langue de spécialité. Master (notamment LLCE) en vue de l'agrégation. Attention : pour les langues « rares », le recrutement n'a pas lieu chaque année. Master ou écoles de traduction. ■

« TÉMOIGNAGE

Pour tous les niveaux

En 1re année, nous proposons à tous les étudiants un test de positionnement par rapport au niveau de langue. Cela nous permet de constituer deux groupes : le premier suit 4 heures de renforcement linguistique, tandis que le second, constitué d'élèves ayant un très bon niveau, n'en a pas besoin. Les niveaux sont très variés : certains élèves parlent italien à la maison, d'autres l'ont choisi en LV2 ou LV3, d'autres encore ont un bac international, l'Esabac. Dans tous les cas, nous reprenons les bases, en grammaire par exemple, et les inégalités se résorbent peu à peu. »

Cécile Terreaux-Scotto, responsable pédagogique de la L1 LLCE italien, université Stendhal Grenoble 3

POUR LES LICENCES VOIR P. 170

Licence langues étrangères appliquées (LEA)

Où ?

Cette mention est proposée dans de nombreuses universités.

Pour qui ?

Tous bacs admis : en 2011-2012, 32 % de bacs L, 32,5 % d'ES, 16 % de STG (futurs STMG), 10 % de S. Un bon niveau dans les deux langues choisies est nécessaire. Autre qualité souhaitée : un intérêt pour les questions économiques et le monde de l'entreprise.

Quelles langues ?

Si l'anglais est largement choisi, il existe bien d'autres possibilités : des langues courantes (allemand, espagnol, italien), mais aussi plus rares comme l'arabe, le chinois, le hongrois, le néerlandais, le russe, le suédois...

Quel programme ?

Les étudiants approfondissent deux langues étrangères, voire une 3e en initiation, à travers des traductions, la rédaction de documents commerciaux ou techniques, des exercices en laboratoire de langues. Une partie des cours porte sur la vie économique et la civilisation des pays concernés. Un tiers du programme est par ailleurs consacré à des matières d'application, différentes selon les universités : droit général et commercial, marketing, gestion, économie générale, tourisme, logistique, communication, informatique... Des projets en petits groupes sont prévus en L3, par exemple la réalisation d'une étude de marché ou l'organisation d'un salon. Stage de 1 mois, au minimum, en entreprise à l'étranger (ou dans un contexte international). En fin de L2 ou en L3, des parcours de spécialisation sont proposés : commerce international, traduction spécialisée, affaires et commerce, tourisme... Autre spécificité : des programmes d'échanges avec des universités étrangères.

Et après ?

Poursuite d'études conseillée en master (entre autres, LEA), idéalement dans la continuité du parcours choisi en licence. Également, entrée en école de traduction (sur examen), école de commerce... ■

« TÉMOIGNAGE

Priorité à l'écrit

La licence LEA convient bien aux bacheliers généraux mais, attention, les étudiants qui pensent qu'ils vont beaucoup parler et s'exprimer à l'oral dans les deux langues vivantes choisies sont souvent très déçus... Il faut savoir que nous avons des exigences sur l'écrit, qui occupe une place importante dans la formation. Les élèves font de la traduction technique, et non pas littéraire. Il y a beaucoup de rédactionnel. Il est donc essentiel d'avoir un bon niveau d'expression écrite et orale et, si possible, un projet en lien avec le monde de l'entreprise, les cours de langues étant clairement appliqués à des situations professionnelles. »

Sylvain Farge, directeur du département de LEA, université Lyon 2

SIX LICENCES DE LANGUES À LA LOUPE (SUITE)

Licence français langue étrangère (FLE)

Où ?
Cette spécialité est proposée dans de nombreuses universités, sous différents intitulés de licence.

Pour qui ?
Tout bachelier. Un bon niveau en français et en langues vivantes est requis.

Quel programme ?
Ce parcours s'adresse en premier lieu aux étudiants qui envisagent d'enseigner le français à des étrangers, enfants comme adultes. Il prépare à l'enseignement du français en tant que langue étrangère (ou « langue seconde » par comparaison avec la « langue première » ou maternelle). Il est généralement proposé en 3e année de licence (L3) mentions lettres (classiques, modernes), LLCE (langues, littératures et civilisations étrangères) ou sciences du langage. Les étudiants suivent le programme de leur licence, complété par des enseignements de didactique du français en tant que langue étrangère, de linguistique générale et de linguistique appliquée au FLE. Ils s'entraînent également à la préparation de leçons et étudient la civilisation française.

Et après ?
Master MEEF (métiers de l'enseignement, de l'éducation et de la formation, 2 ans) en vue des concours du professorat, notamment CAPES de lettres. Nombreuses spécialisations de master pro, par exemple enseignement aux enfants, adolescents et adultes (Paris 4). Attention, le parcours FLE ne prépare pas aux concours de l'enseignement « classiques », mais aux carrières d'enseignant ou de formateur dans le domaine de l'enseignement du français enseigné comme langue étrangère. ■

Licence langues et cultures régionales (LCR)

Où ?
Cette mention est proposée dans 13 universités (dont 4 dans les DOM-TOM), au sein des licences lettres et sciences humaines ou arts, lettres, langues.

Pour qui ?
Tout bachelier. Un réel intérêt pour la langue et la culture régionale étudiées, ainsi qu'un bon niveau d'expression écrite et orale sont requis.

Quelles langues ?
Basque, breton et celtique, catalan, créole, langue d'Oc, langue et culture corses, langues océaniennes, langues polynésiennes, occitan, tahitien.

Quel programme ?
Beaucoup plus « confidentielle », cette mention vise l'acquisition d'une culture propre à une langue régionale. Assez littéraire, la formation s'appuie sur un socle d'enseignements en langue, en littérature, en compréhension écrite et orale de la langue choisie. Les étudiants approfondissent la grammaire et s'initient à la pratique de la traduction écrite et orale de textes littéraires et journalistiques. L'un des objectifs : apporter une bonne maîtrise écrite et orale de la langue étudiée, ainsi qu'une connaissance de la civilisation à travers l'étude de la géographie, de l'histoire, des institutions, de la culture...

Et après ?
Master MEEF (métiers de l'enseignement, de l'éducation et de la formation, 2 ans) en vue des concours du professorat (CAPES)... Attention, pour les langues régionales, très peu de postes offerts aux concours. Master d'histoire, écoles de traduction... ■

Licence langue des signes française (LSF)

Où ?

Seule l'université de Poitiers propose une licence mention sciences du langage et langue des signes française. Quelques autres (Toulouse, Paris 8, Rouen...) proposent un parcours LSF (au sein d'une mention sciences du langage, LEA ou sciences sanitaires et sociales).

Pour qui ?

Les étudiants ayant validé une L2 en lettres et sciences humaines, mais également pour d'autres profils. Cette licence accueille aussi bien des personnes en situation de handicap auditif que des « entendants » qui souhaitent devenir médiateur interculturel ou interprète auprès de la communauté sourde ou malentendante.

Quel programme ?

À l'université Paris 8, le parcours « langue des signes française » est accessible en L3, au sein de la mention sciences du langage. À Rouen, l'option « langue des signes française » est ouverte en L3, mention sciences du langage. Seule Poitiers propose une licence en 3 ans, avec un tronc commun avec la licence sciences du langage. Les enseignements visent l'acquisition de la langue des signes française, et abordent les aspects culturels de la LSF et son environnement. Parmi les disciplines étudiées : syntaxe, sémantique, phonétique, lexicologie... À Poitiers, les étudiants abordent également la conception d'un projet de classe et d'outils pédagogiques spécifiques, l'articulation théorique et pratique dans le métier d'enseignement, etc.

Et après ?

Un master MEEF (métiers de l'enseignement, de l'éducation et de la formation, 2 ans) pour préparer les concours du professorat (1er ou 2d degré). En 2012, trois postes au CAPES langue des signes française. ■

Licence sciences du langage

Où ?

De nombreuses universités proposent cette licence.

Pour qui ?

Les étudiants ayant un bon niveau en français et une forte motivation pour l'étude poussée du langage. En 2011-2012 : 38 % de bacs L, 31 % d'ES, 13 % de S, 8 % de STG (futurs STMG)...

Quel programme ?

Les sciences du langage permettent de comprendre le fonctionnement du langage et des langues du monde. Elles correspondent à l'étude du langage à travers les nombreux champs disciplinaires : phonétique/phonologie, syntaxe, sémantique, lexicologie, sociolinguistique, histoire de la langue, etc. Cette formation permet donc aux étudiants d'acquérir des connaissances théoriques et méthodologiques relatives à la communication et à la description des langues. Dès la L2, plusieurs parcours (ou des options, selon les universités) permettent d'amorcer une spécialisation. Deux parcours sont intéressants pour ceux qui envisagent l'enseignement du français langue étrangère (FLE) ou de la langue des signes française (LSF, spécialité proposée dans une poignée d'universités seulement). Ainsi, sous divers intitulés, certaines universités permettent de suivre un module de préprofessionnalisation centré sur la didactique du FLE (méthodologie et grammaire), ou en LSF (la surdité et ses implications linguistiques).

Et après ?

Un master en sciences du langage avec une spécialisation (FLE, LSF...) afin de préparer les concours de l'enseignement (CAPES de LSF), d'enseigner le FLE en France et à l'étranger. D'autres masters ou poursuites d'études sont possibles. ■

STRATÉGIE

Licence LLCE ou LEA ?

© RICH VINTAGE / ONISEP

Le bac en poche, tout élève intéressé par les langues étrangères se retrouve face à deux filières, faisant presque jeu égal en termes d'effectifs : langues, littératures et civilisations étrangères (LLCE) et langues étrangères appliquées (LEA). Ces deux filières ne s'adressent pas vraiment au même public…

LLCE : des études très littéraires

Premier constat : en 2010-2011, près de 50 % des inscrits en LLCE étaient titulaires d'un bac L. La raison ? Cette formation théorique et très littéraire convient bien à ces profils. La filière LLCE vise l'approfondissement d'une seule langue étrangère, à travers sa littérature, son histoire, grammaire et linguistique à l'appui. Le programme s'adresse aux passionnés de littérature (anglophone, italienne…) et de civilisation (hispanique, japonaise…), prêts à s'y plonger à corps perdu. *« Il s'agit d'études de langues "classiques". Il ne suffit pas d'être un bon élève de terminale en espagnol ou en allemand, par exemple. Sans être forcément titulaire d'un bac L, il faut vraiment aimer la littérature pour se sentir à l'aise dans cette filière »*, résume Sandrine Deloor, directrice de la licence LLCE espagnol à l'université de Cergy-Pontoise.

LEA : les langues « des affaires »

De son côté, la filière LEA propose une tout autre approche des langues, résolument appliquées au monde de l'entreprise. Appliquées au pluriel, puisque les étudiants approfondissent non pas une mais deux langues vivantes. Titulaire d'un bac ES, Clément n'a pas regretté son choix. *« J'ai vraiment apprécié les matières d'application comme le commerce international, la gestion de projet ou encore l'économie internationale, souvent enseignées par des intervenants issus du monde de l'entreprise. Les exemples étaient concrets, étayés »*, explique ce jeune commercial export trilingue.

« TANDIS QUE LLCE RESTE LA VOIE ROYALE POUR VISER L'ENSEIGNEMENT, LEA OFFRE PLUS DE DÉBOUCHÉS DANS L'ENTREPRISE. »

Des débouchés spécifiques

À l'image des programmes, les débouchés offerts par les deux filières affichent leurs différences. LLCE reste la voie royale pour ceux qui visent l'enseignement (notamment le CAPES), *via* un master. Si la filière forme des spécialistes d'une langue et de la culture d'un pays, elle n'exclut pas une poursuite d'études dans des écoles de traducteurs et d'interprètes, par exemple. Un projet à préparer dès la L1, en prenant en option une seconde langue, exigée dans les écoles spécialisées… Acquérir une double compétence (communication, commerce international…) n'est pas non plus interdit, même si ce n'est pas la finalité première de la filière. Quant à LEA, elle offre une large palette de débouchés dans le monde de l'entreprise : commerce international, gestion de projets interculturels, par exemple… La majorité des étudiants poursuit dans l'un des nombreux masters LEA, avec des spécialisations très appréciées en import-export, logistique, marketing ou encore traduction spécialisée… ■

Les formations professionnelles

© MANUELA FEUCHOT GASQUEZ

DE BAC + 2 À BAC + 5

LES DOMAINES PROFESSIONNELS QUI RECHERCHENT DES COMPÉTENCES EN LANGUES.
LES FORMATIONS REQUISES POUR S'Y INSÉRER SE SITUENT DANS CERTAINS CAS À BAC + 2 (BTS) OU + 3 (LICENCE PRO). LE PLUS SOUVENT, UN NIVEAU BAC + 5 EST EXIGÉ.
EN 2 ANS APRÈS UNE LICENCE DE LANGUES, LES MASTERS PRO MÈNENT À LA TRADUCTION, À L'INTERPRÉTATION, À L'ENSEIGNEMENT ET À LA DIPLOMATIE.
UN DOUBLE CURSUS UNIVERSITAIRE LANGUES ET DROIT/GESTION/ LOGISTIQUE...
OU UN DIPLÔME D'ÉCOLE OUVRE LES PORTES DES GRANDES ENTREPRISES ET ORGANISATIONS À DIMENSION INTERNATIONALE

Enseignement, recherche

Désormais, le professorat recrute à bac + 5. Après la licence, cap sur un master disciplinaire en langues, en vue de l'agrégation, ou sur un master métiers de l'enseignement, de l'éducation et de la formation (MEEF), en vue du CAPES ou du CAPLP, une formation alliant approfondissement disciplinaire et préparation au métier.

© BAISSER CADRE, JÉRÔME PALLÉ / ONISEP

La filière conseillée : LLCE

Pour ceux qui visent le professorat de langues vivantes, la filière LLCE fait figure d'incontournable. Basée sur un contenu très littéraire, dans une seule langue, elle convient parfaitement aux étudiants qui veulent devenir professeurs de langue étrangère au collège et au lycée, notamment. Les études se déroulent à l'université et, pour les langues rares, à l'Inalco (Institut national des langues et civilisations orientales). Tournée vers le monde de l'entreprise et les langues appliquées, la filière LEA est moins adaptée. Autre voie possible, pour ceux dont le projet est d'enseigner le français à un public de non-francophones : une licence de lettres avec un parcours FLE (le plus souvent accessible en L3). Et une poursuite d'études en master FLE.

Se sensibiliser en licence

Première étape, la licence (en 3 ans) pose les bases des apprentissages disciplinaires. Pour les futurs candidats aux concours de l'enseignement, il s'agit d'acquérir de solides connaissances dans la langue étudiée, mais également en civilisation, en littérature et en histoire du pays ou de la région. C'est souvent en L3 que les étudiants peuvent choisir l'un des nombreux parcours « enseignement ». Ces derniers favorisent une approche du métier, à travers un stage d'observation en milieu scolaire, en mettant l'accent sur l'expression écrite et orale, sur la transmission des savoirs culturels...

Poursuivre en master

Pour exercer comme enseignant de langues dans les collèges et lycées, il faut désormais un master. Deux cas de figure : les futurs professeurs certifiés sont recrutés à l'issue du M1 MEEF (métiers de l'enseignement, de l'éducation et de la formation) 2d degré, tandis que les futurs agrégés se présentent au concours une fois le M2 LLCE obtenu.

Le master MEEF (métiers de l'enseignement, de l'éducation et de la formation) est organisé sur 2 ans au sein des Espé (écoles supérieures du professorat et de l'éducation). Il comprend des modules généraux (langues, civilisation, littérature...) visant à approfondir les connaissances disciplinaires, et des modules professionnels permettant d'aborder les questions de didactique propres à l'enseignement des langues, d'appréhender les conditions d'exercice du métier de professeur... La 1re année (M1), le cursus donne l'occasion aux étudiants de se préparer aux épreuves du concours (CAPES, CAPLP) et d'effectuer des stages d'observation en établissement scolaire. La 2de année (M2), les lauréats du concours sont fonctionnaires stagiaires. Ils poursuivent leur formation à l'Espé tout en donnant leurs premiers cours devant une classe en collège ou en lycée : il s'agit du « stage en responsabilité ».

Le master recherche en langues concerne les étudiants qui veulent passer l'agrégation ou bien poursuivre en thèse et obtenir un doctorat (3 ans post-master), nécessaire pour enseigner dans le supérieur. La formation, à l'université et non en Espé, dure 2 ans.

Objectif concours

Ces dernières années, certaines disciplines en langues, dont l'anglais, ont peiné à recruter le nombre de professeurs prévu. D'une manière générale, le volume de postes offerts aux différents concours varie d'une spécialité à l'autre, en fonction des besoins annuels dans chaque discipline. À la session 2013, au CAPES : 1 050 postes en anglais ; 340 en espagnol ; 270 en allemand... Les chances de réussite sont très variables, le nombre de candidats qui tentent leur chance pouvant fluctuer. Néanmoins, il est fréquent que les admis aient déjà passé le concours l'année précédente. Le CAPES et le CAPLP sont accessibles aux étudiants de master 1, et l'admission définitive au concours est conditionnée par la validation du master 2. L'agrégation est ouverte aux titulaires de master. À noter : les ENS, accessibles après une prépa lettres, préparent à l'agrégation *via* le master. ■

1. CAPES : certificat d'aptitude au professorat de l'enseignement secondaire
2. CAPLP : certificat d'aptitude au professorat de lycée professionnel.

INFOS +

Les Espé, nouveau cadre de formation

Ouvertes à la rentrée 2013 dans chaque académie, les écoles supérieures du professorat et de l'éducation sont une composante des universités. Leur mission : organiser la formation initiale des enseignants *via* le master MEEF 1er degré ou 2d degré. Les Espé assurent également la formation continue des enseignants et des personnels d'éducation.

TROIS CURSUS UNIVERSITAIRES À LA LOUPE

Sont présentés ici une licence et un master indiqués pour ceux qui visent les concours de recrutement des professeurs de langue vivante, ainsi qu'un master dédié à l'enseignement du français comme langue étrangère.

L3 LLCE espagnol, parcours métiers de l'enseignement et de la recherche

Le Mans

Pour qui ?

Ce parcours, accessible en L3 seulement, s'adresse plus particulièrement aux titulaires de la 2e année de licence d'espagnol envisageant de présenter le CAPES d'espagnol en master.

Quel programme ?

Le parcours métiers de l'enseignement et de la recherche est destiné en priorité aux étudiants qui envisagent de se présenter aux concours de l'enseignement, notamment au CAPES d'espagnol. Les étudiants suivent un entraînement à l'épreuve orale d'explication de textes à partir d'œuvres de la littérature hispano-américaine et de poèmes espagnols des XVIe et XVIIe siècles : approfondissement des procédés d'analyse et de communication orale en langue. Ce parcours de préorientation permet également aux futurs candidats de se préparer à l'épreuve orale de langue étrangère : cours d'histoire de l'art du monde hispanique pour s'initier à l'analyse d'une image ; étude d'un film pour apprendre la technique cinématographique (plan, séquence, son, musique...). Enfin, la formation est complétée par des cours de français pour améliorer l'expression écrite des candidats aux concours.

Et après ?

Poursuite d'études indispensable en master MEEF (métiers de l'enseignement, de l'éducation et de la formation) afin de présenter les concours de l'enseignement (CAPES, CAPLP). ■

« TÉMOIGNAGE

Un début de professionnalisation

En 3e année, nous consacrons une quarantaine d'heures par semestre au parcours métiers de l'enseignement. Celui-ci est choisi par nos meilleurs étudiants, environ la moitié, qui ont d'ores et déjà l'intention de présenter le CAPES d'espagnol. Ils apprécient ce parcours, car ils ont l'impression d'un début de professionnalisation en lien avec leur projet. Ils aiment particulièrement tout ce qui concerne les arts audiovisuels, c'est-à-dire l'analyse de l'image et l'étude filmique. Cet intérêt se manifeste par la suite en master 1. Nous dirigeons d'ailleurs de plus en plus de mémoires consacrés à ce sujet. »

Ricardo Tejada, responsable de l'UFR d'espagnol à l'université du Mans

Master MEEF (métiers de l'enseignement, de l'éducation et de la formation)

Où ?
Dans les Espé (écoles supérieures du professorat et de l'éducation).

Quelles mentions ?
Mention 2d degré pour les concours de recrutement des enseignants du secondaire (CAPES) ou des lycées professionnels (CAPLP) ; mention pratique et ingénierie de la formation (pour les formateurs d'adultes par exemple).

Pour qui ?
Les titulaires d'une licence dans la discipline visée.

Quel programme ?
La formation articule des enseignements théoriques et pratiques, avec un ou deux stages d'observation ou de pratique accompagnée et des périodes d'alternance (en école et en établissement scolaire notamment). L'objectif : permettre aux étudiants d'acquérir, de manière progressive, un haut niveau de compétences professionnelles, disciplinaires, mais aussi didactiques et scientifiques. Autre volet : des compétences spécifiques liées à l'exercice du métier. Le cursus comprend un tronc commun de formation pour tous les étudiants se destinant aux métiers de l'enseignement et de l'éducation, portant sur divers domaines comme le processus d'apprentissage, le processus d'orientation des élèves... Le master pourra intégrer la mobilité internationale (programmes d'échanges). Les stages de 1re année peuvent prendre la forme de stages d'observation en établissement scolaire et de pratique accompagnée. En 2de année, formation en alternance pour les professeurs stagiaires lauréats du concours (mise en situation de responsabilité au sein d'un établissement scolaire). Mémoire de master.

Et après ?
Les étudiants de M1 peuvent passer le CAPES ou le CAPLP. ■

Master didactique des langues et des cultures, filière FLE

Inalco

Pour qui ?
Les titulaires d'une licence spécialisée dans l'une des langues proposées à l'Inalco, incluant un enseignement de didactique du FLE (français langue étrangère). Les enseignants en formation initiale ou continue qui ont une expérience pratique dans l'un des pays couverts par une des « langues du monde ».

Quel programme ?
En continuant à étudier la langue orientale, les étudiants abordent les méthodes d'enseignement en langue étrangère pour tout public (ingénieurs, formateurs de bénévoles, étudiants venant étudier en France...), ainsi que l'enseignement de la communication dans la vie de tous les jours (salutations, repérage dans le temps et l'espace...). Sont aussi traitées les langues parlées sur les territoires français (yiddish, arménien, arabe dialectal par exemple), ainsi que les variations du français en fonction des classes sociales, des régions...

Et après ?
En France ou à l'étranger, enseignant « bivalent » capable d'enseigner le FLE ou une autre langue, concepteur en ingénierie de l'éducation, médiateur culturel. ■

TROIS CONCOURS DE L'ENSEIGNEMENT À LA LOUPE

Sont présentés ici les principaux concours permettant d'enseigner les langues vivantes dans les établissements scolaires : agrégation, CAPES et CAPLP.

Agrégation

Pour qui ?

Les titulaires d'un master (bac + 5) dans la discipline présentée au concours.

Quelles langues ?

Si de nombreuses langues sont concernées (allemand, anglais, arabe, chinois, espagnol, hébreu, italien, japonais, néerlandais, polonais, portugais, russe), toutes ne bénéficient pas d'une ouverture de postes chaque année.

Quelle sélection ?

Le nombre de postes offerts aux concours varie selon les langues ; toutes les spécialités ne sont pas systématiquement représentées à chaque session.

Quelles épreuves ?

Des épreuves d'admissibilité et des épreuves orales d'admission propres à chaque discipline. Trois ou quatre épreuves écrites d'admissibilité : composition ou dissertation dans la langue étudiée sur un sujet de littérature ou de civilisation ; composition ou dissertation en français sur un sujet de littérature ou de civilisation du pays d'expression ; épreuve de traduction ; épreuve de linguistique pour certaines langues (anglais, arabe, chinois...). Les épreuves orales d'admission diffèrent d'un concours à l'autre.

Et après ?

Une fois reçus au concours, les lauréats sont nommés professeurs agrégés stagiaires et effectuent un stage de 1 an dans un établissement du secondaire. Après validation, ils sont titularisés et peuvent enseigner surtout en lycée et dans l'enseignement supérieur. ■

CAPLP (certificat d'aptitude au professorat de lycée professionnel)

Pour qui ?

Les étudiants en M1 MEEF 2^d^ degré parcours PLP dédié qui souhaitent enseigner dans deux disciplines distinctes langue/lettres.

Quelles langues ?

Allemand/lettres, anglais/lettres, arabe/lettres et espagnol/lettres.

Quelle sélection ?

Pour la session 2013, 150 postes en anglais/lettres, 40 postes en espagnol/lettres. Pas de postes dans les autres langues.

Quelles épreuves ?

Le CAPLP langue/lettres associe les lettres à une langue vivante. Deux épreuves écrites d'admissibilité : version ou thème et commentaire de texte en langue étrangère ; commentaire de texte littéraire assorti d'une question de réflexion grammaticale. Trois épreuves orales d'admission : leçon en langue vivante ou en lettres, épreuve professionnelle sur dossier : exposé, suivi d'un entretien portant sur la langue enseignée et sur les lettres.

Et après ?

Les lauréats sont nommés fonctionnaires stagiaires pour 1 an. Ils se forment en alternance à l'Espé *(lire l'encadré p. 101)* et en établissement scolaire (stage en responsabilité). ■

CAPES (certificat d'aptitude au professorat de l'enseignement secondaire)

Pour qui ?

Les étudiants inscrits en M1 MEEF 2d degré dans la discipline présentée.

Quelles langues ?

Allemand, anglais, arabe, chinois, espagnol, hébreu, italien, néerlandais, portugais et russe. En langues régionales : basque, breton, catalan, créole, langue corse, occitan-langue d'oc.

Quelle sélection ?

Elle diffère selon les spécialités, le nombre de postes offerts étant très variable (certaines langues ne sont pas représentées d'une année sur l'autre, se renseigner). Pour la session 2013 : 1 050 postes en anglais ; 340 en espagnol ; 270 en allemand ; 64 en italien ; 15 en chinois. En langues régionales : 4 en créole ; 4 en occitan-langue d'Oc ; 2 en breton ; 1 en basque ; 1 en catalan ; 1 en langue corse ; 2 en tahitien ; 2 en langue des signes française.

Quelles épreuves ?

Le CAPES prévoit des épreuves d'admissibilité et d'admission propres à chaque discipline. En langue, deux épreuves écrites : une composition en langue étrangère d'un texte littéraire ou de civilisation ; une épreuve de traduction (thème et version). Deux épreuves orales : une épreuve de mise en situation professionnelle s'appuyant sur un dossier composé de documents proposés par le jury avec un exposé et un entretien en langue étrangère suivis d'un entretien en français ; une épreuve d'entretien en langue étrangère portant sur un document audio ou vidéo en langue étrangère en lien avec l'une des notions des programmes de lycée et de collège, puis une autre épreuve d'entretien en français sur un dossier composé de productions écrites et orales d'élèves.

Et après ?

Les lauréats sont nommés fonctionnaires stagiaires pour 1 an. Ils se forment en alternance à l'Espé *(lire l'encadré p. 101)* et en établissement scolaire (stage en responsabilité). ■

Nombre de postes offerts aux CAPES de langue session 2013

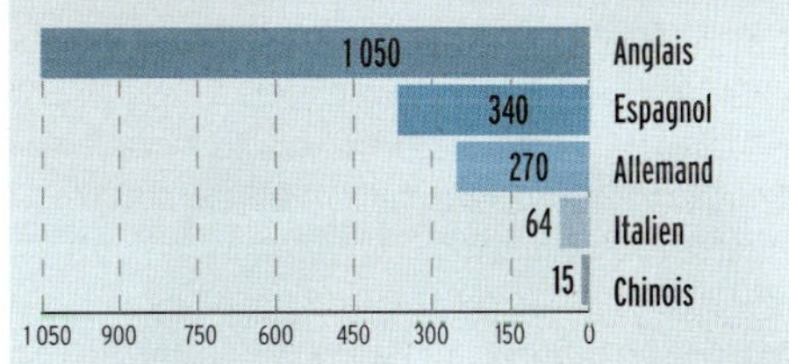

Source : ministère de l'Éducation nationale, session 2013, JO du 23 mai 2012.

STRATÉGIE

Quelles langues privilégier ?

© YIN YANG / ISTOCKPHOTO

Dès le collège, et au-delà du lycée, le parcours scolaire permet à tout élève de se familiariser avec deux langues étrangères, à choisir parmi plusieurs proposées. Difficile, lorsque l'on envisage de placer ces dernières au cœur de son métier, de savoir lesquelles seront les plus porteuses sur le marché du travail. Tout dépend, en réalité, du projet professionnel envisagé...

L'anglais, grand gagnant !

Dans le domaine de la traduction comme de l'interprétation, l'anglais se place en tête de liste ! « *En France, la combinaison linguistique prépondérante pour les interprètes de conférences, car c'est la plus recherchée par les entreprises, est français-anglais, dans les deux sens. Une langue rare peut être un plus sur le marché privé, mais il faut déjà parfaitement maîtriser ses langues A et B avant de s'engager dans une langue C »*, remarque Bettina Ludewig-Quaine, représentante de l'AIIC (Association internationale des interprètes de conférences). Du côté de la traduction, qu'elle soit technique, audiovisuelle ou littéraire, l'essentiel du travail se trouve du côté des ouvrages en langue anglaise. Dans ce domaine, pratiquer une langue « rare » signifie moins de concurrence, mais également moins d'opportunités de travail !

Le plurilinguisme à l'honneur

Du côté de l'enseignement, le nombre de postes offerts aux concours parle de lui-même ! Au CAPES, c'est l'anglais qui dépasse largement les autres langues européennes, comme l'espagnol ou l'allemand. Si l'objectif est de passer les concours de traducteur ou d'interprète des organisations internationales, les choses se corsent un peu. Très bien pratiquer une seule langue ne suffit pas. Il est demandé aux candidats de maîtriser au minimum deux langues en plus de sa langue maternelle. Et les besoins des institutions sont généralement très précis, avec des variations selon les années. À l'ONU, par exemple, les langues attendues sont le français, l'anglais, l'arabe, le chinois, l'espagnol et le russe. Du côté de la Commission européenne, si toutes les langues de l'Union européenne sont appréciées, les germanistes sont très recherchés !

« SI L'ANGLAIS RESTE INCONTOURNABLE, CE SONT LES AUTRES LANGUES QUI FONT LA DIFFÉRENCE. »

Cultiver la différence...

Communication, commerce international, tourisme, logistique... dans la plupart des domaines du secteur privé où les langues prévalent, c'est une fois encore l'anglais qui remporte la palme ! *« Dans la logistique internationale, comme dans le commerce international, l'anglais n'est même plus considéré comme une langue étrangère par les recruteurs, qui estiment que le maîtriser va de soi*, remarque Bruno Durand, responsable du master logistique internationale de l'université de Nantes. *C'est la langue des affaires par excellence ! Ce sont les autres langues pratiquées qui feront la différence... »* Parmi ces dernières, l'espagnol, l'allemand et l'italien figurent en tête des langues les plus recherchées. Mais des besoins commencent à se faire sentir du côté du russe, du chinois, du portugais et de l'arabe. À l'heure de se lancer dans des études de langues, il est donc important de bien réfléchir à son projet professionnel, ce dernier pouvant influer sur la combinaison linguistique à adopter ! ■

Traduction, interprétation

La plupart des formations en traduction et en interprétation délivrent des diplômes à bac + 5. Car ces métiers requièrent à la fois des compétences linguistiques de haut niveau et un solide bagage culturel.

Licences LEA et LLCE : les premier paliers

Peu nombreux, les parcours traduction à l'université débutent en général en L2. En licence LLCE, les étudiants acquièrent un socle de connaissances en langues, cultures et civilisations. La traduction est travaillée de façon méthodique, à partir de textes littéraires ou socioculturels, incluant des recherches documentaires et lexicales. Trilingues et équilibrés, ces parcours constituent avant tout une sensibilisation en vue d'une poursuite en master ou en école de traduction. Les parcours de licence LEA sont, eux, plus ciblés sur le monde économique : on planche sur des articles de presse, on découvre la traduction assistée par ordinateur... Idem, mieux vaut ne pas s'arrêter là.

Quelques licences pro

Les licences professionnelles en traduction sont rares. Il faut dire que la concurrence est rude sur le marché du travail, où le niveau bac + 5 prévaut. Quelques-unes se démarquent comme celle de Perpignan ciblant le créneau transrégional, ou celle de Paris 7, la rédaction technique bilingue.

Les masters à l'université

Une vingtaine d'universités proposent des masters en 2 ans après la licence. Si quelques-uns sont orientés vers l'interprétation, la plupart concernent la traduction scientifique, technique, juridique ou encore audiovisuelle. Les programmes reflètent la convergence entre, d'une part, la traduction « artisanale » et créative ; d'autre part, l'importance de l'informatique qui modifie les méthodes de travail. Le traitement automatique des langues (TAL) y occupe une place centrale, alliant linguistique, modèles mathématiques et outils informatiques. Pionnier dans ce domaine, l'Inalco (Institut national des langues et civilisations orientales) garde son identité, à savoir les langues orientales. Établissement public d'enseignement supérieur, il délivre des diplômes d'établissement (diplôme d'initiation, certificat... reconnus en ECTS) et des diplômes nationaux (LMD). Au total, plus de 90 langues y sont proposées.

Les écoles spécialisées

Une poignée d'établissements offrent des formations de 2 à 5 ans en traduction et/ou en interprétation de conférences. Certains recrutent

© ZIUTOGRAF / ISTOCKPHOTO

après le bac, les autres après la licence ou *via* les admissions parallèles. Privées ou rattachées à des universités, ces écoles ont des frais de scolarité très variables : de 500 € à plus de 6 000 € par an. L'Esit et l'Isit tiennent le haut du pavé.

Côté sélection, elle est souvent rigoureuse : 27 places en interprétation de conférences à l'Isit en 2009. Tous les profils sont les bienvenus, à condition de posséder de solides compétences linguistiques dans deux langues étrangères, ainsi qu'en français, et une bonne culture générale. Pour les cursus d'interprétation, un séjour à l'étranger de 12 mois est parfois requis.

Au programme : des enseignements juridiques, économiques, voire géopolitiques, sans oublier l'apprentissage des outils informatiques, incontournables. Points forts de ces écoles ? Un entraînement intensif en petits groupes d'élèves, des professionnels qui transmettent leur savoir-faire dans les conditions du réel. ■

INFOS +

Les langues de travail

Selon la terminologie de ce secteur, on distingue trois langues de travail : la langue A (langue maternelle), la langue B dite « active » et la langue C dite « passive ». Les traducteurs travaillent de leur langue B (voire C) vers leur langue A. Les interprètes, eux, peuvent traduire leurs langues B et C dans les deux sens, et leur langue C vers leur langue A. À noter que ces trois langues sont parfaitement maîtrisées.

QUATRE LICENCES À LA LOUPE

Sont présentées ici deux licences générales en langues qui proposent un parcours traduction ou interprétation, ainsi que deux licences professionnelles dans deux domaines distincts (traduction et rédaction technique).

Licence LEA, parcours traduction

Paris 8

Pour qui ?

Les bacheliers L et ES sur tests de langues (deux langues étrangères) obligatoires. Intérêt pour l'actualité et l'économie.

Quel programme ?

Les 3 premiers semestres se déroulent en tronc commun entre les trois parcours de spécialité accessibles par la suite, de manière à permettre aux étudiants de consolider leurs compétences linguistiques, d'approfondir leur connaissance des pays concernés, et d'acquérir des outils indispensables en méthodologie, informatique, etc. Une découverte de la traduction est amorcée lors du 1er semestre de L2. Le parcours professionnel débute en semestre 4 : traduction en langues A (langue maternelle), B et C, méthodologie de la traduction, français pour la traduction, traduction assistée par ordinateur ou anglais de spécialité, version (traduction de littérature populaire ou multimédia), thème (presse ou rédaction en anglais). Une vingtaine d'universités étrangères accueillent les étudiants dans le cadre d'échanges internationaux. Un stage en traduction de 3 mois au minimum doit être effectué en L3. Langues de spécialité : allemand, anglais, arabe, espagnol, hébreu, italien, portugais, russe.

Et après ?

Insertion possible en tant que traducteur littéraire, juridique ou technique. Poursuite d'études conseillée en master de traduction à Paris 8 (T3L), à l'Inalco si choix d'une langue orientale, ou en école de traduction (sur examen).

Licence LLCE, parcours traduction

Nancy 2

Pour qui ?

Les bacheliers L en majorité, également ES et S. Les bacs technologiques peuvent être pénalisés par un manque d'aisance dans l'expression écrite. Un bon niveau de compréhension de la langue étudiée est exigé.

Quel programme ?

La 1re année de licence LLCE est une année générale de consolidation des bases permettant aux étudiants de tester d'autres disciplines avant de choisir leur spécialisation. Le parcours traduction débute en semestre 3. L'accent est mis sur la phonétique, la compréhension orale et la grammaire. La version occupe une place importante avec l'acquisition de méthodes de travail et l'apprentissage systématique du lexique. Langue C niveau débutant possible. Langues de spécialité : allemand, anglais, arabe, espagnol, italien, russe. À noter que la formation offerte par cette licence LLCE, si elle permet une ouverture sur les métiers de la traduction, n'offre pas un niveau en langues suffisant pour présenter les concours des écoles dédiées (Esit, Isit...). Les étudiants ayant pour objectif de préparer ces concours peuvent s'inscrire en parallèle en licence LLCE bilangue-biculture qui, avec 6 heures de cours supplémentaires en moyenne par semaine et un apprentissage plus approfondi des langues, leur offrira le bagage nécessaire pour passer les épreuves.

Et après ?

Poursuite d'études en master LLCE traduction spécialisée, information-communication... ou en école de traduction.

LP ATC, parcours traduction-interprétation

Perpignan

Pour qui ?

Les titulaires d'une L2 (licence de catalan de l'université de Perpignan ou licence de LEA anglais, espagnol ou catalan) sur dossier. Une très bonne maîtrise du catalan est nécessaire. Un bon niveau en espagnol est également requis, les cours ayant lieu à l'université autonome de Barcelone.

Quel programme ?

Sur 1 année, la spécialisation traduction-interprétation proposée en licence pro activités et techniques de communication met l'accent sur la traduction du français et d'une langue C (au choix parmi une dizaine de langues proposées par l'université de Barcelone) vers le catalan, les techniques et pratiques d'interprétation consécutive et simultanée, le perfectionnement en langue C. Projet tutoré et stage. Les étudiants choisissent entre un parcours traduction-interprétation internationales ou transfrontalières.

Et après ?

Cette licence professionnelle répond à la demande des entreprises de la région transfrontalière. Postes en traduction technique, notamment sur plate-forme spécialisée, et en interprétation en cabine. Les étudiants qui le souhaitent ont la possibilité de compléter leur formation par une 4e année d'études à l'université de Barcelone, leur permettant d'obtenir le titre espagnol de traducteur-interprète. ■

POUR LES LICENCES ET LICENCES PRO
VOIR PP. 170, 172

LP rédacteur technique

Paris 7

Pour qui ?

Les titulaires d'une L2 ou d'un diplôme de niveau bac + 2 (BTS, DUT) en langues (environ 1/3 des effectifs), lettres, scientifique ou technique. Une très bonne maîtrise du français et un bon niveau en anglais ainsi qu'en informatique sont requis.

Quelle sélection ?

Sur lettre de motivation et dossier, puis tests de compréhension (de l'anglais vers le français) et de rédaction technique en français. Les sessions ont lieu en mars et juin. Les étudiants doivent avoir trouvé une entreprise d'accueil.

Quel programme ?

La formation se déroule en alternance. Les étudiants partagent donc leur année de formation entre l'entreprise et l'université. La formation s'articule autour de la rédaction technique, la terminologie, l'anglais technique, l'utilisation des outils logiciels du rédacteur technique, la connaissance des bases de données et des langages numériques (HTML...), la communication orale (conduite d'entretien, retour d'information), la conception et la rédaction de manuels et la localisation. Les étudiants réalisent également un projet documentaire au cours de leur année de formation.

Et après ?

Forts de leur expérience professionnelle de 1 an, les étudiants intègrent rapidement le marché du travail dans des secteurs tels que l'automobile, l'informatique, la mécanique, la micro-électronique, en tant que rédacteurs techniques ou concepteurs de documentation dans ces domaines. Les étudiants souhaitant poursuivre leurs études peuvent notamment postuler au master pro ILTS (industrie de la langue et traduction spécialisée). ■

QUATRE MASTERS PRO À LA LOUPE

Sont présentés ici quatre masters professionnels en langues orientés vers différents types de traduction : audiovisuelle, littéraire, spécialisée ou automatique. Formation en 1 ou 2 ans, selon le niveau d'accès.

M2 métiers de la traduction littéraire

Bordeaux 3

Pour qui ?

Les titulaires d'un M1 LLCE à Bordeaux 3 ou autre M1 en langues, lettres, sciences humaines ou encore arts possédant une très bonne maîtrise de la langue choisie (allemand, anglais ou espagnol).

Quelle sélection ?

Admission sur dossier puis test d'entrée (traduction en français d'un texte journalistique, d'un texte littéraire et exercice de stylistique). Deux sessions en juin et septembre, mais le test ne peut être passé qu'une seule fois.

Quel programme ?

Il privilégie les sciences humaines et la littérature. Les trois parcours (allemand, anglais ou espagnol) se composent de deux modules : périphérie de la traduction (stylistique du français, linguistique, lexique spécialisé, technologies de la communication, introduction aux métiers du livre) et atelier de traduction (pratique intensive collective ou individuelle, accompagnée par des professionnels, comprenant des traductions écrites ou orales). Évaluation sur une traduction longue, environ 100 pages. Un stage de 4 à 6 semaines est à effectuer en cours d'année.

Et après ?

Les diplômés se destinent plutôt aux métiers du livre et de l'édition, et au marché de l'imprimé en général, en tant que traducteurs mais aussi assistants éditoriaux ou éditeurs. ■

M2 traduction et adaptation cinématographiques

Lille 3

Pour qui ?

Les titulaires d'un M1 en traduction, sur dossier et lettre de motivation.

Quelle sélection ?

Examen d'entrée consistant en une version, un thème et un contrôle des connaissances cinématographiques sous forme de QCM. L'épreuve de version est éliminatoire.

Quel programme ?

Cette option forme des professionnels pour toutes les formes d'adaptation cinématographique : doublage, sous-titrage, voice-over… Les enseignements portent donc sur : la théorie du cinéma et l'analyse filmique, la version, le thème, le doublage, le sous-titrage, la voice-over, la traduction de jeux vidéo, l'anglais des médias et la lexicographie bilingue spécialisée. Une grande part de la formation est accordée aux travaux pratiques, et les enseignements sont dispensés en majeure partie par des professionnels. Au cours de l'année, les étudiants ont la possibilité d'effectuer de courts stages en entreprise, et doivent réaliser le sous-titrage d'un film.

Et après ?

La reconnaissance de la formation dans les principales entreprises de traduction audiovisuelle facilite l'entrée sur le marché du travail. La plupart des étudiants trouvent rapidement des contrats en tant que sous-titreurs, doubleurs… mais souvent à temps partiel. L'insertion à temps complet est plus longue. ■

M2 industrie de la langue et traduction spécialisée

Paris 7

Pour qui ?

Les titulaires d'un M1 en langues.

Quelle sélection ?

Sélection sur tests de traduction et de rédaction, suivis d'un entretien.

Quel programme ?

Ce master propose, en M2, une base de formation commune et deux options : TS (traduction spécialisée) et IL (industrie de la langue). Toutes deux fonctionnent sur le principe de l'alternance, avec un rythme de 1 semaine passée en entreprise et la suivante à l'université. Les programmes des deux options, assez proches, portent sur les techniques de traduction spécialisée en anglais (et en option dans une seconde langue : espagnol, allemand) dans différents domaines : économique, scientifique et technique, informatique, juridique, marketing, sportif. Applications informatiques (outils de traitement automatique des langues, constitution et exploitation de corpus), rédaction technique et terminologie. L'UFR prépare aussi au master conception de documents multilingues et multimédias dont une partie des enseignements est commune avec le master ILTS. À noter que les étudiants de l'option IL pratiquant deux langues étrangères peuvent, grâce à un partenariat avec l'Isit, obtenir également le diplôme de traducteur, filière communication interculturelle et traduction.

Et après ?

Un peu plus de 80 % d'insertion dans les 3 mois suivant l'obtention du diplôme à des fonctions de traducteur classique, chef de projet, spécialiste linguistique, terminologue, localisateur, rédacteur technique...

« TÉMOIGNAGE

Options IL et TS : des débouchés assez proches

Les options traduction spécialisée (TS) et industrie de la langue (IL) ont 70 % de cours communs. La spécialisation IL insiste davantage sur les fonctions support de la traduction avec l'informatisation. Le parcours TS forme à la traduction au sens strict du terme. Les différences se jouent sur les cours d'apprentissage d'interrogation de bases de données et l'utilisation de balises informatiques. Mais nous constatons que les deux parcours sont finalement assez proches en termes de débouchés. À l'obtention du diplôme, les cartes sont rebattues et ce sont les enseignements communs qui l'emportent... »

Nicolas Froeliger, responsable du master industrie de la langue et traduction spécialisée (ILTS) à l'université Paris 7

RETROUVEZ TOUS LES MASTERS SUR ONISEP.FR

QUATRE MASTERS PRO À LA LOUPE (SUITE)

Master ingénierie linguistique

Inalco

Pour qui ?

Les titulaires de la licence traitement multilingue de l'Inalco ou d'une licence de linguistique, d'informatique, à condition de posséder des acquis dans la langue orientale choisie.

Quel programme ?

À l'Inalco, la filière spécialisée dans l'industrie de la langue débute dès la L2 dans l'une des langues enseignées. Tournée vers la traduction automatique des langues (TAL) et l'ingénierie linguistique, la formation se partage entre enseignements de langues, linguistique, informatique théorique et pratique.

En master, approfondissement des connaissances dans les trois domaines. Les étudiants acquièrent les compétences nécessaires à la réalisation de projets d'ingénierie linguistique et de gestion de l'information : modèles et formalismes, programmation, bases de données pour linguistes... Les travaux personnels doivent démontrer leur capacité à résoudre un problème linguistique en utilisant les méthodes et outils informatiques (par exemple, construction de terminologie automatique, recherche d'information en contexte multilingue). En M2, choix d'un parcours entre « ingénierie multilingue » et « traductique (traduction technique) et gestion de l'information ». Stage de 2 mois. Le master propose aussi une spécialité recherche « traitement automatique des langues ».

Et après ?

Débouchés dans les industries de la langue pour développer des logiciels TAL, ou comme traducteur, responsable de projet, rédacteur de documentations techniques multilingues... ■

TÉMOIGNAGE

Quand les langues rencontrent l'informatique

« La différence entre les deux parcours du master se situe principalement au plan technique. En ingénierie multilingue, la partie technique est plus ardue, car les étudiants doivent être en mesure de construire des outils d'application de données linguistiques. En traductique et gestion de l'information, ils doivent surtout être capables de déterminer comment utiliser les outils de classement de ces bases de données. En résumé, les premiers développent des applications, que les seconds mettent en œuvre. Dans les deux cas, nous attendons des étudiants de très bonnes compétences en langues associées à des connaissances informatiques. »

Marie-Anne Moreaux, responsable du master Ingénierie linguistique de l'Inalco

INFOS +

Les interprètes et les traducteurs internationaux

Parmi les 16 000 Français qui travaillent dans les grandes organisations (Commission européenne, Parlement européen, Cour de justice européenne...), les traducteurs et les interprètes ont une place de choix. Ils ont le statut de fonctionnaire international, et sont recrutés sur concours très sélectifs : des places au compte-gouttes...

> Dans les institutions européennes

• Les **traducteurs francophones** doivent posséder un master (bac + 5), maîtriser une langue officielle de l'Union européenne et avoir une connaissance approfondie d'au moins deux autres langues (dont l'une doit obligatoirement être l'anglais, le français ou l'allemand). Les concours sont organisés tous les 3 ans environ pour chaque langue cible. Ils consistent en un test d'accès sur ordinateur (tests de raisonnement verbal et numérique, tests de comportement et tests de connaissance linguistique), des tests de langue (traduction vers la langue maternelle/principale), un test à effectuer dans un centre d'évaluation et une épreuve orale. L'ensemble de la procédure s'étale sur 8 à 10 mois en moyenne.

• Les **interprètes**, eux, doivent posséder un diplôme d'interprète de conférences ou un master, suivi d'une expérience professionnelle de 1 an comme interprète de conférences. Les conditions en matière de connaissance des langues sont les mêmes que pour les traducteurs. Le concours comprend un QCM, suivi, si ce dernier est réussi, de multiples évaluations sous forme d'exercices d'interprétation simultanée et consécutive, d'un exercice de groupe, d'une présentation orale et d'un entretien. Les besoins en interprétation sont réels. En 2009, du fait des nombreux départs à la retraite prévus, ces derniers étaient estimés à 200 personnes de langue française à recruter d'ici à 2019 pour l'ensemble des institutions européennes. Pour en savoir plus : http://europa.eu/index_fr.htm.

> Aux Nations unies

4 000 fonctionnaires linguistes (dont 1/6 est francophone) exercent en tant qu'interprètes, traducteurs, rédacteurs de procès-verbaux, éditeurs, terminologues... La fréquence des concours dépend des besoins de l'ONU. Les six langues officielles sont le français, l'anglais, l'arabe, le chinois, l'espagnol et le russe. Recrutement sur concours avec un diplôme de niveau bac + 5 et deux langues étrangères au minimum. Pour en savoir plus : www.un.org/fr.

À noter : l'Esit et l'Isit, tournées vers l'international, ont mis en place une collaboration avec l'ONU pour augmenter les chances de succès des meilleurs étudiants aux concours d'admission des grandes organisations.

CINQ ÉCOLES SPÉCIALISÉES À LA LOUPE

De niveau bac + 5, les écoles spécialisées dans la traduction et/ou l'interprétation sont toutes très sélectives. Hormis l'Esit qui dépend de l'université Paris 3, les autres sont privées et chères.

Esit (École supérieure d'interprètes et de traducteurs)

Paris 3

Pour qui ?

Les masters traduction et interprétation accueillent les titulaires d'une L3 maîtrisant deux langues au minimum (anglais obligatoire en interprétation). En interprétation, séjour d'au moins 12 mois consécutifs dans un pays de la langue B obligatoire et séjour d'au moins 6 mois consécutifs dans le pays de la langue C fortement conseillé. De son côté, le master interprétation en LSF accueille les titulaires d'une L3 ayant une excellente connaissance de la langue des signes.

Quel coût ?

Droits d'inscription universitaires pour le master : 241 €.

Quelle sélection ?

• Master interprétation de conférences : QCM en français et anglais pour l'admissibilité ; épreuve orale pour l'admission.

• Master traduction éditoriale, économique et technique : tests écrits en français pour l'admissibilité ; épreuves de synthèse portant sur la compréhension, l'expression écrite et la traduction pour l'admission.

• Master interprétation en LSF : épreuves orales en français et LSF sur des sujets de portée générale.

Quel programme ?

• Master interprétation de conférences : théorie de l'interprétation, économie, droit, sociolinguistique et analyse du discours, préparation aux conférences diplomatiques... En M1, ateliers d'interprétation scientifique, perfectionnement en expression française et anglaise, interprétation consécutive, traduction à vue. En M2, entraînement intensif à l'interprétation consécutive et simultanée. Stages d'observation en cabine.

• Master traduction éditoriale, économique et technique : théorie de la traduction, sociolinguistique, économie, droit, terminologie, organisations internationales. Ateliers de traduction spécialisée (économique, technique et scientifique, juridique), lecture active et recherche documentaire, expression en langues A, B et C, outils informatiques. Stages.

• Master interprétation en LSF : en M1, apprentissage de l'interprétation consécutive sans notes puis avec prise de notes. En M2, interprétation consécutive ainsi que simultanée. ■

TÉMOIGNAGE

Au-delà de la langue

« La traduction fait appel à d'autres connaissances que celles d'une ou plusieurs langues. Aussi, les étudiants en langues ne constituent pas forcément les meilleurs profils pour intégrer le master traduction, qui exige une bonne culture générale. Nous sommes très ouverts aux étudiants issus de sciences politiques, de droit, d'économie ou des grandes écoles de commerce possédant de très bonnes langues de travail. La traduction exige une curiosité sans faille pour tous les sujets, et pas seulement pour ceux que l'on affectionne particulièrement. »

Faïza El Quasem, responsable de la section traduction de l'ESIT

Isit (Institut de management et de communication interculturels)

Paris

Pour qui ?

Les bacheliers (toutes sections confondues) pour un cursus en 5 ans, ou un bac + 2 en 3e année. Masters traduction et interprétation (2 ans), avec un bac + 3 (candidats Isit ou extérieurs). En interprétation, séjour à l'étranger de 12 mois au minimum requis.

Quel coût ?

14 187 € pour l'ensemble du cursus interprète de conférences ; 6 914 € par an pour les 3 premières années, puis 7 406 € par an pour les 2 dernières années pour la formation en communication interculturelle et traduction.

Quelle sélection ?

• Entrée en 1re année sur étude du dossier et épreuves de français, d'anglais et d'une 3e langue. Sont évalués la maîtrise de l'expression écrite, la capacité d'analyse, la culture générale et le niveau en langues.

• Tests d'entrée pour le programme communication interculturelle et traduction : dossier, épreuves de traduction et de thème (deux langues obligatoires dont l'anglais dans les deux cas), et QCM de culture générale et de synthèse.

• Tests d'entrée pour le programme interprétation de conférences : tests de compréhension de discours en anglais et français, et QCM de culture générale, notamment actualité politique et économique internationale pour l'admissibilité ; entretiens dans les différentes langues de travail et exercices d'interprétation pour l'admission.

Quel programme ?

Les 2 premières années (programme management, communication, traduction) : renforcement dans deux langues étrangères au moins, expression française, économie, droit, géopolitique, management... En 3e année : méthodes de traduction, approfondissement des bases linguistiques et de la culture générale.

• Diplôme de communication interculturelle et traduction : techniques de traduction, terminologie, bases de données multilingues, traduction assistée par ordinateur, communication. Stages et projets sur appel d'offres. 2e année à l'étranger pouvant déboucher sur un master européen. 20 places pour la formation en apprentissage.

• Diplôme d'interprétation de conférences : méthodes et entraînements individualisés d'interprétation consécutive, traduction à vue, prise de parole en public, interprétation simultanée. Approfondissement de la culture générale en économie et politique. Stages courts auprès d'organisations internationales et d'associations humanitaires.

Ces formations donnent lieu à des diplômes visés de traducteur et d'interprète de conférences. ■

« TÉMOIGNAGE

À l'aise sur tous les sujets

Nous attendons des candidats à la formation en interprétation de conférences qu'ils maîtrisent très bien deux langues, dont la langue maternelle, et qu'ils aient une très bonne compréhension d'une 3e langue. Pour bien comprendre la multitude de sujets abordés sur le terrain, ils doivent également posséder un solide socle de connaissances générales, notamment dans les domaines économiques et géopolitiques. Nous nous assurons aussi de leur aisance à l'oral, de leur esprit d'analyse et de synthèse, de leur vivacité d'esprit et de leur curiosité intellectuelle. Des qualités essentielles pour devenir interprète de conférences ! »

Sarah Bordes, responsable de la filière interprétation à l'Isit

CINQ ÉCOLES SPÉCIALISÉES À LA LOUPE (SUITE)

IPLV (Institut de perfectionnement en langues vivantes)

Angers

Pour qui ?

Avec le bac pour l'admission en licence ; bonne connaissance de deux langues étrangères. Avec une licence, sur dossier et test, pour l'entrée en M1. Pour les titulaires d'un M1 traduction, sur dossier, pour l'entrée en M2.

Quel programme ?

• Licence langues de spécialité, parcours traduction (3 ans) : elle se partage entre un programme de LLCE (grammaire, expression, civilisation, culture générale) et des enseignements de spécialité (traduction, interprétation, langues commerciales, commerce international, économie, droit, gestion). Langues B et C au minimum.

• Master traduction professionnelle et spécialisée (2 ans) : enseignements généraux (terminologie, linguistique, communication interculturelle, études européennes), professionnels (traduction spécialisée, édition ou interprétation) et initiation aux outils (recherche documentaire, traduction assistée par ordinateur...). Projet intensif de traduction et stage de 5 à 6 mois. Langues B et C.

Et après ?

Les débouchés sont variés en tant que traducteur indépendant ou traducteur-localisateur, réviseur-relecteur, terminologue, chef de projet de traduction... en agence de traduction ou dans les organismes internationaux. ■

ITI-RI (Institut de traducteurs, d'interprètes et de relations internationales)

Strasbourg 2

Pour qui ?

Les titulaires d'un bac + 3 en M1 et les titulaires d'un M1 en M2. Sont attendus un bon niveau de culture générale et des bases en traitement de texte.

Quel coût ?

De 1 900 à 5 400 € l'année suivant la spécialité.

Quelle sélection ?

• Pour l'entrée en M1 traduction et en M2 traduction professionnelle : courte traduction vers la langue maternelle et la langue étrangère pour chaque langue ; épreuve écrite de français et entretien visant à s'assurer du bon niveau de culture générale du candidat ainsi que de sa motivation. S'ajoute à ces épreuves, pour l'entrée en M2 traduction audiovisuelle, un entretien sur la culture audiovisuelle. L'entrée en M2 traduction littéraire n'est soumise qu'à un entretien sur la culture littéraire.

• Pour l'entrée en M1 interprétation : épreuves écrites, épreuve orale et test spécifique à l'interprétation. L'entrée en M2 interprétation de conférences n'est soumise qu'au test spécifique à l'interprétation.

Quel programme ?

• Master interprétation (2 ans) avec deux parcours au choix : interprétation de liaison (stage de 3 mois en traduction ou interprétation) ; interprétation de conférences (entraînement en cabine, ateliers en groupe linguistique).

• Master traduction (2 ans) avec trois parcours au choix : traduction professionnelle (stage de 3 mois) ; traduction audiovisuelle (techniques de sous-titrage, d'audiodescription, stage de 3 mois) ; traduction littéraire (stage de 3 mois dans l'édition, presse de préférence).

• En M1, acquisition des techniques d'interprétation ou de traduction à partir de documents (politiques, économiques), informatique, découverte des institutions, linguistique. Langue C facultative mais conseillée.

• En M2, renforcement des enseignements professionnels et disciplinaires spécifiques aux parcours (prise de notes, techniques d'expression écrite et orale, droit). ■

Estri (École supérieure de traduction et relations internationales)

Lyon

Pour qui ?

• Les bacheliers, sur dossier, pour le cycle menant au titre (niveau licence). Trois langues de travail exigées (français et anglais obligatoires, la 3e parmi l'allemand, le chinois, l'espagnol et l'italien).

• Pour le cycle menant au certificat (niveau master) : les titulaires d'une licence LEA ou tout autre diplôme linguistique jugé équivalent, sur dossier. Trois langues de travail requises : français et anglais obligatoires, complétés au choix par allemand, espagnol ou italien.

Quel coût ?

Frais de scolarité : 4 990 € par an pour le titre comme pour le certificat.

Quel programme ?

• Titre professionnel de relations internationales-traduction (3 ans) : linguistique, expression écrite et orale, version et thème, littérature et civilisation en langues B et C, informatique. Également, matières d'application à l'entreprise : langue des affaires, science politique, économie, droit, négociation et communication, douanes et transport. En 1re année, 8 mois en immersion sociolinguistique en pays anglo-saxon. La formation permet de valider une licence LEA.

• Certificat de chargé de traduction spécialisée et interprétation de liaison (2 ans) : applications professionnelles de la traduction (biologique et médicale, juridique et financière, technique et industrielle), traduction assistée par ordinateur, interprétation de liaison, documentation professionnelle, enseignements généraux (droit du travail, droit de la propriété intellectuelle, communication). En 1re année, stage de 6 mois dans un pays de langue C. En 2e année, gestion de projet et mission professionnelle.

Et après ?

Les titulaires du titre peuvent prétendre à des postes d'assistant-traducteur, assistant de mission de traduction, assistant du chargé de mission aux projets internationaux... au sein d'agences de traduction, d'entreprises ou d'organisations internationales. Le certificat offre des débouchés en tant que chef de projet en traduction, traducteur spécialisé, interprète de liaison, réviseur-relecteur ou encore terminologue. ■

TÉMOIGNAGE

Selon les besoins du marché

« Nous formons des traducteurs spécialisés dans plusieurs domaines, car il est rare, une fois dans la vie active, de traduire dans une seule spécialité. Tous les 2 ans, un comité de professionnels détermine quels sont les besoins du marché. Nous adaptons notre formation en conséquence. Selon les langues choisies, les étudiants n'étudieront ainsi pas les mêmes domaines de spécialisations ou des proportions diverses. Cette année, par exemple, la traduction médicale est au programme pour l'anglais mais pas en italien. En allemand, on met l'accent sur la technique et en italien, sur les aspects juridiques et financiers... »

Isabelle Dujet, responsable de la filière traduction spécialisée et interprétation de liaison à l'Estri

STRATÉGIE

Comment muscler sa pratique ?

Dans les universités et les écoles spécialisées, tous les enseignants sont unanimes : il ne suffit pas de suivre les cours pour bien connaître une langue ! À côté de la formation proprement dite, à chacun de trouver les moyens les plus adaptés de pratiquer ! Et ils sont légion.

Un bouillon de culture

« Les supports écrits et audiovisuels permettant d'étoffer son vocabulaire et d'appréhender une langue ne manquent pas, remarque Nathalie Gormezano, directrice de l'Isit. *Il ne faut pas hésiter à utiliser l'ensemble des médias à disposition pour se perfectionner. »* En effet, lire les journaux ou encore écouter une radio étrangère se révèle très payant pour s'exprimer à l'écrit et à l'oral et, par la

même occasion, se tenir au courant de l'actualité du pays, car, comme se plaît à le souligner Nathalie Gormezano, « *l'ouverture culturelle et intellectuelle sur les pays dont on pratique la langue est très importante* ». Dans le même ordre d'idées, les centres culturels étrangers, où se déclinent expositions, conférences ou séances de cinéma, s'imposent comme les lieux privilégiés de rencontres entre personnes de différentes nationalités.

Préparer les certificats de langue

TOEFL, TOEIC, IELTS... présenter l'un des tests de niveau en langue existants constitue un excellent moyen de parfaire sa pratique. La plupart d'entre eux se basent sur le cadre européen commun de référence pour les langues (CECRL) qui établit six niveaux de maîtrise de la langue dans cinq compétences : la compréhension de l'oral, de l'écrit, la production écrite, orale et l'interaction orale. Dépassant la simple idée de se perfectionner, obtenir l'un de ces certificats constitue un atout non négligeable sur son CV. L'obtention de certains d'entre eux est d'ailleurs requise pour suivre des études à l'étranger, ou préconisée pour accéder à certains postes. Le bénéfice est donc incontestable !

Passer les frontières

Universités comme écoles ne manquent pas d'étudiants étrangers venus effectuer une partie de leur cursus en France. Tisser des liens avec eux, notamment par le biais des associations, peut être un bon moyen de pratiquer régulièrement la langue. Des systèmes de tandems bilingues sont parfois mis en place. Mais le meilleur moyen de progresser rapidement dans une langue demeure sans conteste d'aller passer du temps dans le pays où on la parle ! « *Il n'y a pas mieux que l'immersion* via *un séjour à l'étranger,* remarque Nathalie Gormezano. *Mais il faut faire en sorte d'en tirer le meilleur profit en suivant des cours dans la langue, en vivant chez l'habitant...* » D'autant qu'un passage prolongé au-delà des frontières sera toujours apprécié (voire exigé) dans certaines formations ! ■

POUR PROGRESSER RAPIDEMENT : RIEN DE MIEUX QUE L'IMMERSION.

Commerce et international

Le monde de l'entreprise réserve un accueil très favorable aux diplômés dotés d'une double compétence en langue et en commerce international, communication et/ou relations internationales. Du BTS au master, sans oublier les écoles spécialisées (commerce, IEP...), les formations ne manquent pas.

BTS : une première étape

En 2 ans après le bac, le BTS constitue une première étape pour débuter comme assistant. Deux formations principales coexistent, avec des objectifs distincts. Le BTS assistant de manager permet d'acquérir une polyvalence grâce à un bagage assez large en droit, gestion et économie de l'entreprise. Il prépare les étudiants à collaborer avec un responsable, en entreprise, que celle-ci ait une activité internationale ou non. Pour s'ouvrir des horizons plus larges, il faut envisager une poursuite d'études (en licence pro, 1 an). De son côté, le BTS commerce international, élaboré en commun avec plusieurs pays européens, mise sur un socle d'enseignements dans deux langues étrangères, doublé d'une formation aux techniques commerciales. L'étude des langues est appliquée à des situations concrètes (négociation de contrats, achat, vente...). La plupart des diplômés poursuivent en licence pro (logistique, assistant export...), voire en école de commerce, accessible sur concours. Enfin, avec deux langues vivantes au programme, le BTS tourisme constitue une première étape pour envisager une spécialisation en licence pro et/ou en master, afin de devenir chef de produit touristique ou guide-conférencier.

Commerce, logistique

Import-export, achat, logistique... très nombreuses, les spécialisations en logistique et/ou commerce international répondent à une demande des entreprises. Premier vivier : la filière LEA, à l'université. Dès la 3e année de licence (L3), des parcours visent à compléter les compétences en langues avec des cours de droit (bi-licences possibles), économie, gestion : « affaires et commerce », « échanges internationaux », « tourisme et environnement »... Particularité : un stage obligatoire à l'étranger ou dans un service export. À bac + 3, plusieurs licences pro commerce dispensent une spécialisation intéressante aux diplômés de BTS commerce international, de licence LEA, éco-gestion : assistant export trilingue, import-export, gestion de la chaîne logistique internationale, etc. Pour accéder à des postes d'encadrement, cap sur un master, à bac + 5, par exemple dans l'une des spécialités de masters (logistique internationale, achat, négociateur trilingue en commerce international...) recrutant des linguistes. De son côté, l'Inalco propose un master en commerce international, avec la spécificité d'une pratique dans une langue rare. Enfin, certaines écoles de commerce (bac + 5) sont

© NICOLAS DARPHIN / UPEC

bien positionnées sur le créneau de l'international : programmes bilingues, stages et longs séjours d'études à l'étranger, doubles diplômes…

Marketing, com, relations internationales

Allier une ou plusieurs langues au management, au marketing, à la communication, aux relations internationales… une équation qui peut s'avérer payante. Les grandes entreprises et les organisations mondiales sont à la recherche de ces profils polyvalents, capables de maîtriser la langue d'un pays et d'analyser le marché local et les attentes des consommateurs, de construire un plan de communication adapté, de faire de la veille stratégique… Des formations pointues proposent ainsi de se spécialiser dans les relations internationales, les carrières européennes, le management interculturel, la communication internationale, l'intelligence économique et stratégique, la coopération et la négociation internationale… Accessibles à bac + 4 ou + 5, ces cursus sélectifs sont dispensés dans différents types d'établissements (universités, établissements publics, IEP, écoles privées…).

INFOS +

Lycées, universités, écoles… une offre variée

Très nombreuses, les formations à l'international sont dispensées dans différents lieux d'enseignement. Si les BTS (lycée public), les licences et les masters (à l'université) sont des cursus quasiment gratuits (avec possibilité d'apprentissage, en licence pro surtout), les filières bilingues des écoles de commerce affichent des frais de scolarité élevés. Les IEP fixent, eux, le coût des études. La plupart des diplômes sont reconnus et valident un niveau bac + 5.

TROIS BTS À LA LOUPE

Trois BTS permettent d'exercer des métiers dans lesquels on utilise les langues. Un niveau de diplôme destiné à l'insertion directe sur le marché du travail.

BTS assistant de manager

Où ?

399 établissements, dont 209 publics et 190 privés (dont 78 sous contrat). 79 avec apprentissage.

Pour qui ?

En 2012, sur 6 870 étudiants, 44 % étaient titulaires d'un bac STG (futur STMG), 26 % d'un bac pro, 6 % d'un bac ES, 5 % d'un bac L. Des aptitudes en langues étrangères et un goût du relationnel sont recommandés.

Quel programme ?

Ce BTS vise l'acquisition de compétences en organisation, avec des enseignements en aide à la décision, en prise en charge des activités déléguées (montage d'un événement, gestion des RH, des ressources matérielles...), en documentation et en communication (accueil des clients, tenue de réunions...). Deux langues étrangères au programme, 6 heures par semaine (anglais, allemand, chinois, espagnol, italien, japonais, portugais, russe). Également, culture générale et expression, économie d'entreprise et générale, droit, relations professionnelles... Applications pratiques prenant la forme d'actions professionnelles auprès d'entreprises, et de stages (12 semaines) répartis sur les 2 ans et effectués dans un contexte international, si possible à l'étranger. 77 % de réussite à l'examen final. Les deux langues étrangères représentent 1/5 des coefficients. Possibilité de présenter une 3e langue vivante.

Et après ?

Assistant de direction dans divers secteurs (commerce, logistique, export, ressources humaines, cabinet d'avocats...). Poursuite d'études en licence pro assistant trilingue, commerce international..., en 3e année de licence LEA ou encore en école de commerce (sur concours). ■

BTS tourisme

Où ?

Dans 176 établissements, dont 111 privés et 65 publics. 24 avec apprentissage.

Pour qui ?

En majorité des bacheliers STG (futurs STMG), ES et L...

Quel programme ?

Depuis la rentrée 2012, ce diplôme remplace le BTS animation et gestion touristiques locales (AGTL) et le BTS ventes et productions touristiques (VPT). Il répond aux évolutions du secteur (juridique, technologique, économique) qui a conduit à un rapprochement des missions et des techniques exercées par les professionnels. La formation s'articule autour des cours de français, de deux langues étrangères (dont l'anglais), de la gestion de la relation client, de l'élaboration de l'offre touristique (organisation, cadre juridique, marketing...), de la gestion de l'information touristique. En 2e année, les étudiants choisissent une dominante qui leur permet d'approfondir soit la dimension multimédia (logiciels bureautiques et de publication, Web), soit la dimension tourismatique (informatique liée au tourisme). 12 semaines de stage.

Et après ?

Débouchés dans les entreprises du tourisme (agences de voyages, tour-opérateurs...), les organismes de tourisme territoriaux (offices de tourisme, parcs naturels...), les entreprises de transport (compagnies aériennes, gestionnaires des aéroports, croisiéristes...). Insertion des jeunes diplômés en tant que conseiller voyage, conseiller billetterie, agent de vente et de réservation.... Avec de l'expérience, chef de produit touristique. Possibilité de poursuite d'études en licence pro (bac + 3) du secteur. ■

BTS commerce international

Où ?

Dans 206 établissements, dont 108 privés et 98 publics. 20 avec apprentissage.

Pour qui ?

Les bacheliers ayant un bon niveau de français et de culture générale. Deux langues étrangères étudiées, dont l'anglais, avec un niveau satisfaisant. En 2011-2012 : STG (futur STMG) : 37 % ; bac ES : 27 % ; étudiants : 10 % ; bac L : 7 % ; bac S : 6 %...

Quel programme ?

Ce BTS met l'accent sur les langues, dont l'anglais (obligatoire) et une seconde langue (généralement l'espagnol ou l'allemand). 3e langue facultative. La formation comprend un socle d'enseignements généraux : français et culture générale, environnement juridique et économique, économie et droit, management des entreprises dans le contexte international. Les enseignements professionnels se concentrent sur trois grands volets, dont l'étude et la veille commerciale (notamment l'analyse diagnostique des marchés étrangers), la vente à l'exportation (prospection et suivi clientèle, négociation/vente, ces cours étant donnés en langue étrangère), la gestion des opérations d'import-export (adaptation des produits, des prix, des réseaux de distribution aux exigences de chaque pays, douane...). Stage de 12 semaines, dont 4 au moins à l'étranger.

Et après ?

Assistant dans un service import-export ou dans une banque pour le paiement à l'international. Après quelques années, prise en charge d'un secteur de l'entreprise à l'étranger. Poursuite d'études en licence pro commerce ou logistique, ou en école de commerce (sur concours).

TÉMOIGNAGE

Négocier en anglais et en allemand

« Après un bac STG spécialité marketing, je souhaitais donner une dimension internationale à ma formation commerciale. Dans ce BTS, les cours de langues sont conçus pour permettre de les pratiquer dans le cadre de l'entreprise. Nous avons appris à négocier en allemand et en anglais, en travaillant sur le vocabulaire économique dans ces deux langues vivantes étrangères. Nous avons également fait des synthèses de textes et de vidéos économiques. Chaque cours était l'occasion de prendre la parole à l'oral pour faire un résumé ou tout simplement participer de manière interactive. Les cours m'ont vraiment plu car ils répondaient bien à mes objectifs. »

Ted-Lewis Kakpegnan, titulaire du BTS commerce international au lycée Maurice Ravel, Paris

RETROUVEZ TOUS LES BTS SUR ONISEP.FR

QUATRE LICENCES GÉNÉRALES À LA LOUPE

Certaines licences générales en langues proposent des parcours en droit, en tourisme ou encore en échanges internationaux... À la clé : une poursuite d'études en master pro ou en école spécialisée.

Licence bidisciplinaire droit-langue

Saint-Quentin-en-Yvelines

Pour qui ?

Les bacheliers généraux. Une majorité de S et ES, puis des L, sections européennes, lycées à l'étranger. Attention, en L1, sélection à partir du niveau certifié en anglais. En 2012, 800 dossiers, 250 candidats admissibles, 70 inscrits. Le succès des études nécessite un excellent niveau de départ en anglais et une forte capacité de travail personnel.

Quel programme ?

La formation s'appuie sur un tronc commun aux deux licences droit et LLCE anglais, soit un tiers de cours en plus qu'en licence simple. En anglais : acquisition d'une pratique courante de la langue anglaise, connaissance approfondie de ses mécanismes (grammaire, linguistique) et de la civilisation, de l'histoire et des cultures des pays anglophones (littérature, cinéma, arts visuels). Formation générale en sciences humaines : culture générale, aptitudes à l'analyse, à la synthèse, à l'exploitation de documents. Technique de la traduction, de la dissertation, du commentaire de texte, de la synthèse de documents. En droit : droit privé et public, droit civil, droit constitutionnel, droit social, droit communautaire, droit pénal... Enfin, finances publiques, relations internationales. En 1re année, seconde langue obligatoire, facultative ensuite. En 3e année, stage de 6 mois en mobilité internationale. Cette double licence aboutit à la délivrance de deux diplômes (240 crédits ECTS au lieu de 180).

Et après ?

Poursuite en master soit LLCE, soit droit et science politique, ou encore double master droit-anglais, ouvrant vers les carrières en relations internationales. Masters étrangers. ■

Licence LEA, parcours affaires et commerce

Paris 3

Pour qui ?

Sont bien représentés les bacheliers L ou ES avec un assez bon niveau dans deux langues étrangères. La formation exige aussi un goût pour l'actualité économique, la civilisation et la communication.

Quel programme ?

Approfondissement dans deux langues étrangères (anglais ou espagnol obligatoire, couplé à de nombreuses langues : allemand, arabe, chinois, portugais, russe...). Le tronc commun explore les réalités économiques, culturelles, politiques et sociales, ainsi que le fonctionnement des entreprises des pays étudiés. Droit civil et droit commercial, communication écrite et orale, en particulier techniques d'argumentation. Le parcours affaires et commerce consolide le socle de connaissances en langues et civilisations avec des matières d'application dans les deux langues étudiées pour découvrir le monde de l'entreprise et le domaine des échanges internationaux : initiation à la gestion financière et aux techniques commerciales des entreprises, histoire de l'économie du pays, globalisation, finance (parité des monnaies, crises financières). Études de cas et lecture de la presse internationale. Au dernier semestre, stage de 6 semaines à l'étranger ou dans un service export.

Et après ?

Les diplômés sont admis de droit en 1re année de master langues et affaires économiques internationales de Paris 3. De nombreux M1 dans d'autres universités leur sont ouverts. Insertion possible en tant qu'assistant dans un service international. ■

Licence LEA, parcours échanges internationaux

Paris 7

Pour qui ?

Cette licence recrute des bacheliers généraux (en majorité des bacs S, puis des L), ayant un niveau minimum certifié en français, en anglais et en langues asiatiques. Deux langues obligatoires (beaucoup d'étudiants apprennent le chinois ou le japonais dans le cadre d'une LV3 ou d'une association). 300 à 500 dossiers pour chaque spécialité (anglais-chinois et anglais-japonais), pour 35 places chacune. Sélection sur dossier scolaire (notes de 1re et de terminale en français, en langues, ainsi qu'en histoire-géographie et en philosophie). Très bonne moyenne générale exigée.

Quel programme ?

Cette formation permet aux étudiants d'acquérir à la fois un très bon niveau linguistique et une connaissance des réalités géopolitiques, culturelles et économiques des pays concernés. La formation s'articule autour des cours d'économie, de gestion, de droit et d'informatique orientés vers les pays asiatiques, et favorise une approche interculturelle des échanges avec l'Asie orientale. Parallèlement, les étudiants suivent des enseignements d'anglais et de français appliqués. Étude de la presse asiatique anglophone et de la Chine ou du Japon vus à travers la presse française. Stage obligatoire en fin de L2 (6 à 8 semaines), à l'étranger de préférence. Stages optionnels en L1 et L3. Depuis 2013, partenariats avec une université chinoise et une université japonaise.

Et après ?

Master LEA à Paris 7 ou Paris 3 (par exemple, interprétation-médiation en milieu social et commercial), master relations internationales à l'Inalco, IEP (accès sur concours).

L3 LEA, parcours tourisme, développement durable et patrimoine

Besançon

Pour qui ?

Les titulaires d'une L2 LEA. Bon niveau dans les deux langues choisies exigé. Les candidats doivent également avoir de l'intérêt pour les civilisations et les cultures étrangères, et faire preuve de curiosité intellectuelle.

Quel programme ?

Au 1er semestre, l'accent est mis, à raison de 2 heures par semaine, sur l'histoire du tourisme depuis ses origines, le tourisme dans les économies européennes et mondiale, l'industrie touristique et ses évolutions (notamment le tourisme environnemental), l'emploi dans le secteur... Les étudiants abordent aussi les liens entre l'économie et l'environnement, et le marketing. Au 2d semestre, 48 heures de conférences sur la conservation du patrimoine historique et naturel, la protection des espaces naturels, le tourisme et le développement durable... Deux langues étrangères étudiées au même niveau : anglais-allemand, anglais-espagnol, anglais-italien ou anglais-russe, ou toute autre combinaison de ces langues. Stage de 8 semaines au minimum obligatoire, à l'étranger si l'étudiant n'a pas eu d'expérience validée à l'étranger pendant ses études, pendant au moins 1 semestre (par exemple, échange de type Erasmus ou toute autre expérience équivalente).

Et après ?

Licence pro guide-conférencier, masters du domaine (LEA, tourisme...). Entrée sur le marché du travail : assistant trilingue en office de tourisme, hôtesse d'accueil trilingue dans le secteur du tourisme, divers emplois dans le secteur du tourisme en France et à l'étranger.

QUATRE LICENCES PRO À LA LOUPE

De nombreuses licences professionnelles (LP) offrent une spécialisation de 1 an en langues et en commerce, gestion, logistique, tourisme...

LP commerce, parcours assistant export trilingue

Lorient

Pour qui ?

Les titulaires d'une L2 LEA ou LLCE, d'un BTS commerce international ou assistant de manager, d'un bac + 2 du domaine tertiaire, avec un niveau suffisant dans deux langues étrangères dont l'anglais. Sélection sur dossier puis entretien. Sont évalués la motivation par rapport au projet professionnel, ainsi que le niveau en langues (anglais, allemand ou espagnol). 50 à 80 dossiers, 20 places.

Quel programme ?

La formation s'articule autour d'un socle d'enseignements en commerce international et marketing, en gestion des risques à l'export (juridiques, financiers...) et en informatique. Mises en situation et travail sur des cas concrets. Approfondissement de deux langues étrangères (anglais obligatoire, allemand ou espagnol), tournées vers l'application professionnelle : exercices de négociation, rédaction de courriers commerciaux... Objectif : dispenser aux étudiants des compétences linguistiques et des connaissances en économie de l'entreprise. La formation est complétée par des cours en droit du commerce international et un module sur le comportement et la communication professionnels. Pour favoriser la mise en situation, les étudiants réalisent, en groupe, une mission pour une entreprise exportatrice. Depuis 2013, cette formation est également proposée en alternance (contrat de professionnalisation). Stage de 3 mois, si possible à l'étranger.

Et après ?

Assistant export, assistant d'opération internationale, analyste de prix... ■

LP commerce, parcours import-export

Marne-la-Vallée

Pour qui ?

Les titulaires d'un BTS commerce international ou assistant de manager, mais aussi d'un BTS MUC, NRC, logistique, d'un DUT TC, GEA, logistique, d'une L2 LEA, LLCE, économie-gestion, droit. Admission sur dossier, tests de langues et entretien éventuels. Exigences : niveau non débutant au minimum dans deux langues vivantes, bon niveau général, expériences en entreprise et à l'étranger. Passerelle pour les étudiants de L2 LLCE et LEA de Marne-la-Vallée. En 2012, environ 1 000 dossiers reçus.

Quel programme ?

Cette formation met l'accent sur l'approfondissement en anglais, la civilisation commerciale et une seconde langue au choix (allemand, chinois, espagnol, portugais, russe). Autres cours : marketing international, géo-économie et gestion. Projet tutoré et stage de 12 semaines. Cette formation doit permettre aux diplômés de communiquer et de négocier à l'échelle internationale, en gérant la relation commerciale de l'offre jusqu'au paiement, en passant par les transitaires, transporteurs, douanes... Anglais obligatoire, une seconde langue en option, obligatoire (allemand, chinois et espagnol). Stage de 3 mois au minimum, de préférence à l'étranger. Formation en apprentissage recommandée. Coaching personnalisé des candidats admis en apprentissage pour la recherche de leur contrat.

Et après ?

Nombreuses poursuites d'études en master (universités, écoles de commerce, écoles de logistique). Débouchés très variés à des fonctions d'assistants : acheteur, commercial export, administrateur des ventes export, assistant logistique... ■

LP guide-conférencier

Où ?
Dans neuf universités.

Pour qui ?
Les titulaires d'un BTS tourisme ou les étudiants ayant validé une L2 en histoire de l'art, médiation culturelle, archéologie, communication, tourisme-loisirs-accueil animation, LEA, LLCE... Bon niveau en langues vivantes requis. Recrutement sur dossier et entretien (voire tests, selon les universités). Le plus souvent, deux langues étrangères obligatoires.

Quel programme ?
La formation vise à assurer une large culture fondée sur la connaissance du patrimoine historique, artistique, littéraire et géographique de la France et de l'Europe *via* des cours d'histoire de la peinture, de l'iconographie religieuse, de l'architecture, de l'urbanisme, des sciences et techniques, des arts de la table, de l'archéologie... D'un point de vue méthodologique, l'apprentissage comprend la lecture et l'analyse des cartes, des plans et des paysages urbains. Enfin, la formation propose des clés d'analyse concernant le comportement des touristes français ou étrangers, et des cours pratiques sur l'accueil et l'accompagnement du public, la programmation et la gestion des visites, des circuits, des itinéraires... Seule l'université de Marne-la-Vallée offre la possibilité de suivre cette licence pro en apprentissage.

Et après ?
L'obtention du diplôme permet de se faire délivrer par la préfecture une carte professionnelle. ■

GEA : gestion des entreprises et des administrations ;
MUC : management des unités commerciales ;
NRC : négociation et relation client ;
QLIO : qualité, logistique industrielle et organisation ;
TC : techniques de commercialisation.

LP logistique, parcours gestion des partenariats

Saint-Nazaire

Pour qui ?
Cette formation complémentaire en logistique s'adresse à des étudiants ayant acquis, au préalable, des connaissances en gestion, en économie, en langues. Profils des admis : titulaires d'un bac + 2 (BTS tertiaires à dominante économique : gestion, commerce international, MUC, transport...), DUT tertiaires (GEA, TC...), DUT QLIO. Étudiants de L2 ou L3 (LEA, AES...). Quelques étudiants de filières lettres-sciences humaines. Sélection sur dossier et, très souvent, sur entretien, afin d'évaluer le niveau de culture générale, d'anglais et la motivation. 100 à 150 dossiers, 25 places.

Quel programme ?
Préparation au pilotage des flux logistiques entre entreprises d'une part, fournisseurs et distributeurs d'autre part. Très professionnalisée, la formation dispense des connaissances dans trois grands domaines : relations commerciales et de services (logistique et environnement économique, flux et processus logistiques, communication) ; relations entre entreprises et fournisseurs (achat, approvisionnement, distribution..., nouvelles technologies information-communication) ; relations entre entreprise donneuse d'ordres et prestataire logistique (élaboration de l'offre, techniques, organisation et suivi du transport, mise en œuvre et suivi des performances...). Projet et stage de 16 semaines. Cette licence est également proposée en contrat de professionnalisation et en apprentissage.

Et après ?
Débouchés dans le transport, la grande distribution, l'industrie... en tant que gestionnaire de stocks, responsable des achats chez un prestataire logistique, adjoint au responsable logistique. ■

QUINZE FORMATIONS À BAC + 5 À LA LOUPE

De nombreuses formations combinent les langues et le droit, le marketing, la communication, les relations internationales... Elles sont proposées dans différentes structures (universités, établissements publics, IEP, écoles privées).

Master logistique internationale

Nantes

Pour qui ?

En M2 : environ 70 % d'étudiants titulaires d'un M1 LEA, ainsi que des diplômés d'écoles supérieures de commerce possédant un bon niveau en langues, en expression et une expérience à l'étranger. Quelques étudiants d'école de logistique. Sélection : 100 dossiers environ, 70 candidats convoqués en entretien, 25 admis. L'entretien consiste en une audition devant un jury pour tester la motivation par rapport au secteur, parler des stages effectués et évaluer le niveau de langues.

Quel programme ?

Ce master met l'accent sur l'étude de la logistique dans ses dimensions tactique et stratégique, dans un contexte international. Il vise le renforcement de la culture de l'international et la maîtrise de plusieurs langues étrangères appliquées aux affaires internationales. Au S1, la formation s'articule autour d'un tiers d'enseignements de langues vivantes, un tiers de cours liés à la logistique (achat et approvisionnement, logistique de distribution, logistique et e-commerce, etc.) et un dernier tiers consacré à une mission en entreprise en logistique, incluant la dimension internationale. Ce travail est réalisé sous forme de projet tutoré. Au S2, les étudiants effectuent 1 semaine de voyage d'études à l'étranger. Ils approfondissent le vocabulaire de spécialité en logistique à travers des cours de langues de spécialité, tout en finalisant leur projet. Stage de 6 mois à l'étranger (février à août).

Et après ?

Assistant logistique à l'international, pilote de flux à l'international, et plus rarement postes dans le domaine des achats internationaux. ■

« TÉMOIGNAGE

Deux langues sinon rien

La valeur ajoutée de ce master réside dans la double compétence qu'il vise : en langues et culture d'une part, en logistique d'autre part. Pour un recruteur, il est plus difficile de trouver des logisticiens bilingues, et ce profil est rapidement repéré. La connaissance et la pratique des codes culturels sont également très appréciées par les entreprises. Nous formons des professionnels capables de faire passer une idée en y intégrant la dimension culturelle du pays, ce qui est très important pour qu'un projet réussisse sur le terrain. »

Bruno Durand, responsable pédagogique du master logistique internationale à l'université de Nantes

Master projets touristiques : promotion des territoires et développement international

Lille 3

Pour qui ?

Les titulaires d'une licence LEA, tourisme, hôtellerie, commerce international ou équivalent... Maîtrise de deux langues étrangères : anglais + au choix : allemand, espagnol, italien, néerlandais, polonais, portugais, russe, suédois (sous réserve d'un nombre suffisant d'inscrits).

Quel programme ?

En plus d'une formation poussée dans deux langues étrangères, dont l'anglais, les étudiants s'entraînent à diagnostiquer le potentiel touristique des territoires tout en favorisant les retombées économiques, à analyser le marché de l'industrie touristique internationale et ses nouvelles tendances. Ils apprennent à créer et à monter des projets, en abordant la négociation avec des partenaires internationaux, la démarche qualité... Parmi les autres thèmes abordés : formes alternatives du tourisme, e-tourisme et stratégie de distribution, etc. En M2, l'accent est mis sur le management (international, de la qualité des services touristiques, management et animation d'équipes internationales, etc.). Autre volet, l'aspect « tourisme et territoires » (tourisme durable et cultures locales, géopolitique et francophonie...). Les étudiants sont préparés à la création et/ou reprise d'entreprise... Stage de 3 mois en M1, de préférence à l'étranger ; stage de M2 dès février.

Et après ?

Postes en France ou à l'étranger en tant que chef de produits touristiques, chargé de développement touristique international, responsable d'office de tourisme... ■

Master droit économique-LEA, spécialité juriste trilingue

Nantes

Pour qui ?

En M1, avec une licence bidisciplinaire droit-LEA, une licence LEA ou droit (voire un M1), une double licence en droit (droit français/droit allemand, par exemple), une licence droit/langues, etc. Sélection sur dossier et entretien. En M2, de droit, avec le M1 juriste trilingue, avec un master en droit incluant un séjour d'études Erasmus.

Quel programme ?

L'objectif est de former des étudiants capables de comprendre et d'appliquer le droit tant en France qu'à l'étranger. Les cours et travaux dirigés de droit représentent la partie la plus importante : contrats civils et commerciaux, droit international, droit privé, droit communautaire, règlement des contentieux nationaux et communautaires, enseignements juridiques comparés... Deux langues étrangères, dont l'anglais obligatoire et une seconde langue à choisir entre allemand, chinois, espagnol et italien. En M2, des professionnels sont associés aux enseignements, notamment sous la forme de cours de langue juridique, de droit comparé ou encore de conférences. Côté mobilité, séjour Erasmus en université ou stage dans un service juridique à l'étranger (12 semaines au minimum).

Et après ?

Débouchés en tant que juriste d'entreprise de dimension internationale, traitant par exemple des dossiers d'import-export. Également, juriste dans des organisations internationales, dans des cabinets d'avocats internationaux, traducteur ou interprète spécialisé en droit, fonctionnaire international. ■

M2 LEA, spécialité négociateur trilingue en commerce international

Angers

Pour qui ?

En M1, les titulaires d'une licence LEA. En M2, une majorité des étudiants est issue de la filière LEA, mais d'autres profils peuvent être admis : M1 LEA, droit, gestion, LLCE, management international, écoles de commerce... Sélection sur dossier, voire entretien. Prérequis : bonne maîtrise de l'anglais, solide maîtrise de l'allemand, de l'espagnol ou de l'italien. Solides connaissances dans les matières d'application (droit, économie, gestion, finance, transport, informatique...).

Quel programme ?

L'objectif de ce master est de former des négociateurs trilingues spécialistes de l'environnement social, culturel, économique et géopolitique des pays et des marchés étrangers. Le cursus vise l'acquisition de compétences dans divers domaines du commerce international : prospection, vente, achat, établissement de contrats, e-business. Les enseignements sont centrés sur trois parties : connaissance fondamentale dans les langues étrangères (anglais obligatoire, allemand, espagnol ou italien) et dans les mentalités et le mode de vie d'autres pays ; connaissance de l'entreprise et de la vie économique ; connaissance des règlements du commerce international.

Et après ?

Postes de cadre dans les cabinets-conseils, banques, PME-PMI exportatrices, sociétés multinationales, etc. Parmi les métiers accessibles après ce master, on trouve notamment : responsable ou assistant import-export, responsable du service achats (acheteur international). ■

TÉMOIGNAGE

Comprendre pour mieux vendre

« Cette formation vise la maîtrise de plusieurs langues étrangères. Les étudiants doivent être capables de comprendre une large gamme de textes techniques et juridiques applicables au domaine de la négociation et au secteur des services. Dans le cadre du cours de marketing international par exemple, les étudiants ne se limitent pas à des connaissances théoriques ; ils élargissent leurs compétences en travaillant en collaboration étroite avec des entreprises. Ils sont notamment chargés de proposer une stratégie marketing complète pour détecter de nouvelles opportunités d'export et de positionnement dans des pays à fort potentiel. »

Gwenaëlle Briand-Decré, directrice du master 2 négociateur trilingue en commerce international à l'université d'Angers

RETROUVEZ TOUS LES MASTERS SUR ONISEP.FR

Master commerce international

Inalco

Pour qui ?

Les titulaires de la licence commerce international de l'Inalco avec 12/20 en langues et civilisation. Candidats extérieurs : double compétence éco-gestion et langues (anglais et langue orientale), sur entretien et tests. Accès en M2 automatique pour les sortants de M1 avec la moyenne ; sur entretien et tests pour les candidats extérieurs. 30 à 35 places par promotion. Anglais obligatoire.

Quel programme ?

Cette formation s'articule autour d'un tronc commun composé d'enseignements en marketing international, financements et garanties de paiement, droit des affaires, analyse financière, techniques de gestion, ou encore instruments du commerce international (fiscalité, transport, douane...). La formation met l'accent sur l'anglais appliqué au domaine des affaires et de la négociation, les techniques de communication, les statistiques. Les étudiants se répartissent par zones linguistiques en fonction de la 2e langue choisie. Ils travaillent principalement sur du vocabulaire et de la compréhension de textes, approfondissent l'économie et la géopolitique de la zone. L'un des atouts des diplômés réside dans leur connaissance de la situation géopolitique de la région dont ils étudient la langue. Un stage par année dans une entreprise internationale. Nombreuses langues proposées : du chinois, russe ou japonais jusqu'au tahitien, wolof, ourdou...

Et après ?

Débouchés variés en rapport avec le commerce international, principalement des fonctions liées à l'import-export, au marketing... ■

Les écoles de commerce et de management international

Banque Sésame

Quelles écoles ?

CeseMed Marseille, Cesem Reims, EBP International (Bordeaux), BBA Essec Business School (Cergy-Pontoise), Esce Paris/Lyon, Rouen Business School BSc in International Business, EM Normandie (Caen).

Pour qui ?

Les bacheliers généraux de préférence.

Quelle sélection ?

Sur concours, ouvert aux bacheliers et aux élèves de terminale. Les langues étrangères occupent une place importante dans la sélection et comptent en moyenne pour 50 % de la note finale. Très bon niveau d'anglais attendu. Épreuve de 2e langue et tests de langues éventuels.

Quel programme ?

Quatre écoles proposent un cursus en 4 ans, les trois autres (EBP International, Esce et EM Normandie) en 5 ans, sous forme de programmes bilingues franco-allemand/chinois/mexicain... Outre les cours en économie/droit, comptabilité et finance d'entreprise, marketing, développement personnel, outils de gestion, ces écoles mettent l'accent sur l'international, avec 2 semestres au minimum en université partenaire et jusqu'à 3 ans à l'étranger. Le volume de cours en langues étrangères peut atteindre 50 %. Deux langues au programme, L3 possible. Outre l'anglais ou l'allemand, les étudiants peuvent choisir le chinois, le russe, le japonais, etc. Nombreux masters spécialisés au choix.

Quel coût ?

30 000 à 45 000 € en moyenne pour la scolarité.

Et après ?

Selon la spécialisation choisie, débouchés dans le commerce international (logistique, communication, tourisme...). ■

QUINZE FORMATIONS À BAC + 5 À LA LOUPE (SUITE)

Diplôme spécialisé en management interculturel

Isit Paris

Pour qui ?

Les titulaires d'une L3. La très grande majorité des élèves est issue du 1er cycle de l'Isit (en 3 ans post-bac). Sur 80 élèves environ, seuls 5 viennent d'un cursus extérieur (LEA, économie, droit, diplôme étranger...). Possibilité d'apprentissage en 5e année.

Quelle sélection ?

Sur dossier et tests pour les élèves extérieurs (expression écrite en français, traduction et thème en deux langues obligatoires dont l'anglais ; culture générale et synthèse ; étude de dossier).

Quel coût ?

Entre 7 260 et 7 410 € par an pour deux langues et selon l'année.

Quel programme ?

Ce diplôme, de grade master, forme des cadres ayant des compétences linguistiques et interculturelles dans des fonctions stratégiques : management, marketing, communication, ressources humaines... Les étudiants alternent cours théoriques, études de cas et expériences professionnelles. Maîtrise de trois langues, dont l'anglais et le français, obligatoire. En 4e année : traduction générale, économique et financière, langues des affaires, marketing, analyse financière, communication, RH, culture d'entreprise... Une vingtaine d'heures de cours par semaine. Les étudiants mènent un projet à visée professionnelle parmi trois proposés : création d'entreprise, innovation et création d'un concept marketing, ou consulting stratégique pour une entreprise internationale. Stage de 3 mois au minimum. En 5e année, ils réalisent des missions de conseil opérationnel pour le compte de multinationales (par exemple : analyser un marché étranger ; concevoir des *newsletters* multilingues...) et suivent des cours en management, négociation, *lobbying* européen, analyse financière, langues... Stage de 6 mois ou apprentissage.

Et après ?

50 % des diplômés s'insèrent dans la communication, 30 % dans le marketing, 20 % dans les ressources humaines, les achats et l'export. ■

« TÉMOIGNAGE

Des profils polyvalents

Grâce aux stages et aux projets menés pendant leur cursus, nos étudiants sont tout de suite opérationnels. Ils sont très recherchés sur le marché du travail, car ils ont à la fois des compétences d'experts en langues et une spécialisation en marketing, en communication ou en ressources humaines. Les grands groupes internationaux ont besoin de ces profils polyvalents, qui ont une vraie connaissance interculturelle et qui sont capables d'appréhender et de comprendre la culture de plusieurs pays. Pour preuve, plus de la moitié de nos étudiants sont recrutés avant même d'être diplômés ! Et les postes proposés sont partout dans le monde ! »

Nathalie Gormezano, directrice de l'Isit

M2 communication des entreprises et des organisations internationales

Celsa

Pour qui ?

Les étudiants ayant validé 4 années d'études supérieures. La moitié des admis sort du cursus L3 et M1 communication du Celsa ; l'autre moitié vient d'un M1 ou M2 lettres, LEA, histoire, droit, d'un IEP, de l'Iscom... 24 étudiants en 2012.

Quelle sélection ?

Accès sur concours pour les étudiants extérieurs. Épreuve écrite d'admissibilité (analyse de dossier sur un thème lié à la communication) ; oral d'admission (entretien et conversation en anglais, bon niveau requis, 2e langue appréciée).

Quel programme ?

Le programme alterne cours généraux (communication des organisations internationales, approches de l'opinion...) et enseignements de spécialisation professionnelle avec cas pratiques (relations publiques, *lobbying*, communication de crise, relations avec les médias, marketing...), sans oublier les langues (anglais, LV2 allemand ou espagnol)... Stage de 5 mois en France ou à l'étranger dans des grandes entreprises, des agences de com, des organisations internationales, des ONG... Rédaction d'un mémoire portant sur une question professionnelle de com en lien avec le stage (possibilité de le rédiger en anglais).

Et après ?

Chargé de communication ; consultant en gestion de crise, relations presse et médias, affaires publiques... ; chargé d'études ; chef de projet... ■

Master stratégies de communication internationale

Université de Bourgogne/Dijon

Pour qui ?

Les titulaires d'une licence LEA ou info-com avec deux langues étrangères... 60 % des admis sont de l'université de Dijon, 40 %, extérieurs. Possibilité d'entrer en M2 (entre 25 et 30 étudiants par promo, dont 1/3 issus d'écoles de commerce, de com, de pub...). Alternance proposée en M2.

Quelle sélection ?

Sur dossier (55 admis sur 150 dossiers). Accès direct en M2 sur entretien (motivation et langues).

Quel programme ?

Le cursus, qui s'appuie sur la pratique de deux langues étrangères européennes (dont l'anglais obligatoire), forme à la communication stratégique à l'international. En M1 : communication écrite et orale professionnelle en langues A et B (allemand, anglais, espagnol, italien, russe), connaissance du monde professionnel, savoirs et techniques (gestion de sites Internet et communication *on line*, infographie et identité visuelle), enjeux de la com, médiaplanning, communication interculturelle, conduite de projets et planning stratégique, plans de communication, relations presse... En M2 : langues et international (LV1 anglais, LV2 allemand ou espagnol), stratégies et plan de communication, planning stratégique (veille, analyse des tendances...), stratégies à l'international, mission professionnelle en junior-entreprise, voyage d'études de 1 semaine à l'étranger. Mémoire et stage de 3 mois au minimum en M1 et en M2, en France ou à l'étranger.

Et après ?

Chargé de com interne ou externe, dircom PME, chargé de projet en agence, planneur stratégique... ■

QUINZE FORMATIONS À BAC + 5 À LA LOUPE (SUITE)

Master métiers de l'international, spécialité relations internationales

Inalco

Pour qui ?

Les titulaires d'une licence de langue orientale, avec un bon niveau d'anglais et de bonnes connaissances en droit, histoire, science politique et/ou relations internationales.

Quelle sélection ?

Sur dossier. Entretien obligatoire pour les personnes non issues de l'Inalco, et parfois test de langues.

Quel programme ?

L'objectif : former des spécialistes des relations internationales qui soient des experts d'une région du monde. La formation allie l'analyse des enjeux internationaux et l'étude d'une aire politique et culturelle spécifique, en plus de l'approfondissement d'une ou plusieurs langues étrangères. De nombreux intervenants sont des professionnels en exercice (responsables d'ONG, diplomates...). En M1 : langue orientale, spécialisation par aire géographique, problèmes monétaires et financiers internationaux, théorie des relations internationales, droit international public, politique étrangère de la France, anglais... Stage de 2 à 6 mois. En M2 : langue orientale, spécialisation par aire, champ des organisations internationales, sécurité internationale, questions européennes, problèmes financiers des économies émergentes, cours thématiques sur les entreprises, l'humanitaire ou la préparation aux concours Affaires étrangères, anglais... Stage de 3 mois au minimum en France ou à l'étranger.

Et après ?

Entreprises à vocation internationale (environ 30 %), diplomatie et défense (20 %), organismes internationaux, ONG-humanitaire... (13 %), centres de recherche... ■

Master relations internationales et action à l'étranger

Paris 1

Pour qui ?

Titulaires d'une licence ou d'un M1 histoire, économie, droit, LEA, science politique ou humaines, journalisme, d'un diplôme d'IEP... Bonne maîtrise de l'anglais exigée.

Quelle sélection ?

Sélection sur dossier et oral d'admission. 18 à 20 étudiants par promotion.

Quel programme ?

En S1 : enseignements en géographie politique, analyse politique internationale, droit international public, macro et microéconomie, histoire des relations internationales, et économie et gestion de l'entreprise. Le S2 aborde la politique et la construction européenne, l'économie internationale, l'analyse financière de l'entreprise..., et propose deux parcours : affaires politiques et culturelles (tourisme, communication politique, action humanitaire), ou affaires économiques (banque, tourisme). 6 heures de LVE (anglais et au choix : allemand, chinois, espagnol, russe ou portugais). Stage. En M2 : géopolitique, économie du développement, management interculturel, marketing, droit communautaire, négociation internationale, sécurité et défense, aires géographiques, méthodologie de la conduite de projets internationaux, expression orale, langue spécialisée... Stage, mémoire.

Et après ?

Conseiller expert, chef de projet international, consultant en affaires internationales, chargé de mission monde, chargé de montage de projets, responsable des partenariats internationaux... Insertion au sein de ministères, d'ONG, d'institutions internationales, d'entreprises privées. ■

Diplôme carrières européennes et internationales

IEP de Lille

Pour qui ?

Ce diplôme en 2 ans, de cycle master, est ouvert aux étudiants ayant validé une L3. La majorité des élèves est issue du 1er cycle de l'IEP de Lille ; les autres passent un concours.

Quelle sélection ?

Sur dossier pour les élèves de l'IEP ; sur dossier, écrit de culture générale et de langue, et entretien de motivation pour les étudiants extérieurs. Entre 110 et 120 élèves par promo, dont moins de 10 % extérieurs à l'IEP (sur 130 candidats).

Quel programme ?

Trois majeures : affaires européennes ; conflits et développement ; stratégie, intelligence et gestion des risques. Deux langues obligatoires ; possibilité d'en étudier une 3e. Le S1 est composé d'un tronc commun (histoire, science politique, économie, droit, enjeux européens et internationaux...). Dès le S2, les étudiants entament leur majeure et se professionnalisent ; le travail en petits groupes est privilégié. En affaires européennes, l'objectif est d'acquérir une bonne connaissance du fonctionnement des institutions européennes (droit du marché intérieur, *lobbying*, prise de décision dans l'UE...). Des praticiens de l'Europe (fonctionnaires européens, consultants...) encadrent des ateliers en S3 (montage d'un projet, appels d'offres...). Les étudiants en conflits et développement se forment à la résolution des conflits et à la coopération internationale (négociation internationale, économie du développement, droit des conflits...). Mémoire de recherche et stage d'au moins 6 mois.

Et après ?

Affaires européennes : fonction publique européenne, lobbying, conseil en affaires publiques européennes, droit européen... ; conflits et développement : organisations internationales, ministères, ONG, think tank... ■

TÉMOIGNAGE

Des débouchés à dimension européenne

« En affaires européennes, nos diplômés sont accueillis par des centres de recherche, des *think tank*, des cabinets de lobbying et de conseil, des bureaux de représentation à Bruxelles d'entreprises, d'associations, de collectivités territoriales... Actuellement, ce sont ces acteurs autour des institutions européennes qui offrent le plus de débouchés, car il y a très peu de places aux concours de la fonction publique européenne. Une autre piste consiste à travailler comme assistant parlementaire de députés au Parlement européen, ou encore devenir chargé de mission pour la gestion de projets européens pour le compte de municipalités, régions, ministères... »

Anne Bazin, responsable pédagogique de la spécialité carrières européennes et internationales à l'IEP de Lille

QUINZE FORMATIONS À BAC + 5 À LA LOUPE (SUITE)

M2 études européennes

Paris 3

Pour qui ?

Les titulaires du M1 études européennes ou d'un autre master en histoire, éco, droit, science politique... avec mention assez bien.

Quelle sélection ?

Sélection sur dossier. 60 étudiants par promo.

Quel programme ?

L'objectif est de transmettre aux étudiants les connaissances nécessaires pour s'insérer dans les carrières européennes. Les enseignements sont orientés vers l'histoire, l'économie, le droit et la science politique. À la croisée du master recherche et professionnel, cette formation combine, au 1er semestre, des séminaires (gouvernance économique et sociale, institutions et systèmes politiques, construction européenne et relations internationales), des ateliers professionnalisants (expertise européenne : techniques de négociation, *lobbying*, conception, montage et suivi de projets européens...), ainsi que l'étude d'une langue vivante étrangère (anglais, espagnol). 18 heures de cours par semaine en moyenne. Le 2d semestre est consacré au stage (avec rédaction d'un rapport de stage) pour les étudiants en finalité professionnelle, ou au mémoire de 80 à 90 pages (avec soutenance) pour ceux inscrits en finalité recherche.

Et après ?

Débouchés dans les services spécialisés dans les questions européennes au sein des institutions, collectivités, entreprises et associations ; concours d'admission dans les institutions nationales, européennes, voire internationales ; poursuite d'études possible en doctorat. ■

M2 intelligence économique et gestion du développement international

ITI-RI, Strasbourg 2

Pour qui ?

Les titulaires d'un M1. Entre 15 et 20 étudiants admis. Une majorité vient du M1 relations internationales de l'ITI-RI ; les autres sont issus d'IEP, d'écoles de commerce, de M1 en sciences éco, LEA, droit... Anglais exigé. Bonnes connaissances en économie, relations internationales, droit... 2e langue appréciée. Possibilité d'apprentissage.

Quelle sélection ?

Pour les étudiants extérieurs à l'ITI-RI, écrit et oral de langue, analyse d'un texte d'actualité, et entretien.

Quel programme ?

L'objectif : former des experts bilingues ou trilingues en intelligence économique pour les entreprises et les territoires. Ce M2 professionnalisant est orienté vers la pratique. Les étudiants s'initient à l'intelligence économique (veille stratégique, *knowledge management, benchmarking, lobbying*...), au financement du développement international (outils comptables, acteurs financiers, appels d'offres internationaux...) et aux relations extérieures de l'Europe. Des séminaires en langues étrangères sont intégrés au cursus, ainsi qu'une initiation à une langue dite stratégique (arabe, chinois, polonais, russe). 1 jour par semaine est consacré à une mission professionnelle (étude de marché d'un pays, veille concurrentielle pour une entreprise...). 80 % des intervenants sont des professionnels. 5 mois de stage (entreprises, chambres de commerce, institutions, bureaux d'études, *consulting*...).

Et après ?

Consultant, lobbyiste, responsable export, marketing ou développement international, spécialiste de la veille économique, chargé de mission... ■

Diplôme de relations internationales

Iris Sup'

Pour qui ?

Les titulaires d'un M1 ou M2 (ou équivalents) en droit, AES, économie et gestion, science politique, commerce, langues, communication, journalisme, histoire, IEP, ESC... ainsi que des professionnels qui veulent acquérir une spécialisation en RI. Ce diplôme est préparé en partenariat avec l'ESC Grenoble (délivrance conjointe d'un certificat en relations internationales en plus du diplôme privé d'études supérieures en RI de l'Iris).

Quelle sélection ?

Sur dossier et entretien. En 2012-2013, plus de 30 % détiennent un bac + 5. Bon niveau en langues souhaité.

Quel coût ?

5 700 €.

Quel programme ?

L'objectif est d'offrir aux étudiants une formation approfondie en relations internationales et géopolitique. Le cursus, dispensé par des professionnels en activité, alterne enseignements fondamentaux (décryptage et analyse de l'actualité internationale, politique étrangère de la France, politique de défense...), séminaires géographiques (Asie, Europe, Afrique du Nord et Moyen-Orient, États-Unis, continent africain...), thématiques (religions dans les RI, changements climatiques, cyber-conflits...), et méthodes et outils professionnels (initiation à la prospective, intelligence stratégique et technique de veille, risque pays, exercice de simulation de négociation internationale...). Un cours de management stratégique est assuré par l'ESC Grenoble. Perfectionnement en anglais et atelier projet professionnel (construction de l'identité professionnelle de l'étudiant, outils de candidature...). Rédaction d'un mémoire. 3 mois de stage.

Et après ?

Consultant, analyste, chargé des relations institutionnelles, chargé de communication, journaliste spécialisé à l'international, attaché commercial, attaché culturel en ambassade... ■

« TÉMOIGNAGE

Une compétence qui fait la différence

Les relations internationales, c'est une compétence qu'il faut combiner avec d'autres : l'analyse, les techniques de veille, le risque pays, la gestion de projet, etc. Elle est essentielle pour un manager (raison d'être de notre partenariat avec l'ESC Grenoble), un commercial, un professionnel de la communication ou de la solidarité internationale. Mon conseil aux étudiants : projetez-vous rapidement dans la vie professionnelle, investissez-vous dans les travaux pour développer vos capacités d'analyse, vous spécialiser et ainsi vous démarquer des autres, multipliez les stages, construisez votre réseau. »

Christine Aubrée, directrice du pôle formations de l'Iris

onisep
mon orientation en ligne.fr
DES CONSEILLERS EN LIGNE PAR MAIL TCHAT ET TÉLÉPHONE
L'Onisep et ses conseillers/ères répondent à vos questions sur l'orientation, les formations et les métiers.
TÉLÉPHONE
01 7777 12 25
10 h - 20 h
Du lundi au vendredi
10 h - 20 h
Du lundi au vendredi
TCHAT
MAIL
7j/7
BOITE À OUTILS
TOUTE L'INFO SUR LES MÉTIERS ET LES FORMATIONS
onisep

EMPLOI

Jouer la mobilité

« S'engager dans une mobilité longue à l'étranger comme l'assistanat de français a du sens pour les futurs professeurs, mais pas seulement ! En plus de la maîtrise d'une langue vivante, on y apprend à gérer un groupe, ce qui est intéressant si l'on veut se diriger vers les métiers du management et de l'encadrement. On y acquiert également des compétences interculturelles, qui sont recherchées pour des postes à l'international. »

Delphine Cayrel, responsable de la mobilité au Centre international d'études pédagogiques (Ciep)

S'adapter au marché

« La traduction ne se limite pas aux livres ! Dans un monde où les échanges sont de plus en plus internationaux, la plupart des traducteurs interviennent sur toutes sortes de documents, notamment ceux produits par des entreprises. Ils peuvent traduire un guide de l'utilisateur, un site web, une plaquette publicitaire... Le professionnel doit connaître différents domaines, qu'ils soient scientifiques, économiques ou culturels. Et maîtriser des techniques propres au métier : savoir se documenter, utiliser des outils informatiques spécifiques... »

Débora Farji-Haguet, membre de la commission Relations avec le monde universitaire de la SFT (Société française des traducteurs)

Viser la double compétence

« À part pour ceux qui veulent devenir interprètes, linguistes ou encore travailler dans la recherche, il est important d'associer les langues à une autre compétence et de se diversifier. Les entreprises ont de plus en plus besoin de ces profils. Un double cursus langues et marketing, science politique, économie ou droit... est porteur sur le marché du travail. Nos diplômés s'insèrent dans des entreprises internationales, des ministères, des ONG... »

Emmanuelle Armandon, directrice des études à l'Inalco

CONSEILS DE PROS

Penser au commerce

« Aujourd'hui, en langues, les débouchés dans l'interprétation ou la traduction ne sont pas majoritaires. Même s'ils existent, il s'agit d'une niche. En revanche, pour les cadres, on constate une forte demande sur les profils commerciaux, et plus particulièrement les jeunes diplômés ayant suivi une formation en commerce international incluant un ou plusieurs séjours d'études à l'étranger. Les fonctions commerciales restent le "nerf de la guerre", y compris lorsque la conjoncture économique impose des réductions de budget aux entreprises. »

Pierre Lamblin, directeur du département études et recherche à l'Apec (Association pour l'emploi des cadres)

S'imprégner de la culture

« Impossible d'envisager exercer comme interprète sans avoir vécu dans le pays dont on traduit la langue. Rien ne remplacera jamais un séjour à l'étranger ! Au-delà du vocabulaire, c'est toute une culture que l'on s'approprie. On prend alors conscience d'une multitude de petites choses qui se situent entre les lignes. S'immerger plusieurs mois durant, c'est acquérir un tas de connaissances qui ne sont pas appréhendables de manière théorique, mais essentielles pour la connaissance de la langue. »

Bettina Ludewig-Quaine, représentante française de l'AIIC (Association internationale des interprètes de conférences)

© GILAXIA / ISTOCKPHOTO.COM

QUAND ON VEUT TRAVAILLER À L'INTERNATIONAL OU DANS UN SECTEUR QUI MISE SUR LES LANGUES, ON A INTÉRÊT À SE FORGER UN PROFIL ADAPTÉ AUX ATTENTES DES EMPLOYEURS. QUELQUES PISTES UTILES.

Les débouchés

© NIKADA / ISTOCKPHOTO

CHOISIR SON DOMAINE

POUR LES FORTS EN LANGUES AUX COMPÉTENCES MULTIPLES, LES PERSPECTIVES SONT RICHES ET VARIÉES... MAIS AUSSI CONTRASTÉES ! STATUT, OPPORTUNITÉS ET STABILITÉ DE L'EMPLOI DIFFÈRENT LARGEMENT D'UN SECTEUR À L'AUTRE. SELON LE MÉTIER CHOISI, ON PEUT ÊTRE FONCTIONNAIRE, SALARIÉ OU *FREE-LANCE*, CUMULER LES CONTRATS PRÉCAIRES, OU DÉCROCHER UN CDI DANS UNE ENTREPRISE. POINT COMMUN POUR S'INSÉRER : UN EXCELLENT NIVEAU LINGUISTIQUE, UNE OUVERTURE MULTICULTURELLE, DE LA DÉTERMINATION ET UN DIPLÔME RECONNU.

Les acteurs du secteur

Dans un monde globalisé, le multilinguisme est plus que jamais à l'honneur. Une aubaine pour les diplômés en langues, que l'on peut retrouver dans de nombreux secteurs de l'économie.

© TOMML ISTOCKPHOTO

L'Éducation nationale

Acteur « classique » du monde des langues : l'Éducation nationale. On compte 53 620 professeurs de langue, titulaires du CAPES, de l'agrégation ou du CAPLP, soit environ 19 % des professeurs exerçant dans les collèges et les lycées. Citons aussi les établissements privés sous contrat qui emploient 14 464 professeurs titulaires du CAFEP. Sans oublier les 3 812 professeurs et maîtres de conférences de l'enseignement supérieur. La part de l'anglais reste dominante, avec 110 postes sur 200 à l'agrégation en 2012.

Les agences de traduction

Les agences, qui mettent en relation des entreprises et des indépendants, drainent une énorme part du marché de la traduction. Un marché dans lequel des poids lourds internationaux côtoient des structures de petite taille. Une seule société française peut rivaliser avec les grands, et encore s'agit-il d'une filiale de Hewlett-Packard. En France, on traduit surtout de l'anglais vers le français, mais aussi à partir d'autres langues, mixité des entreprises oblige.

Les institutions internationales

Nations unies, institutions européennes ou encore OMC, FMI, OCDE... ces organisations jouent un rôle fondamental dans le monde international contemporain. Elles font appel à des fonctionnaires internationaux, dont 16 000 Français maîtrisant les langues étrangères. Parmi eux, les linguistes

400

C'est le nombre d'interprètes de conférences français affiliés à l'AIIC.

Source : Association internationale des interprètes de conférences, 2013.

(traducteurs et interprètes) ont une place de choix pour faciliter la transmission des messages d'une langue à l'autre. Les Nations unies, par exemple, emploient environ 170 interprètes francophones permanents et trois fois plus de traducteurs, maîtrisant au moins deux langues étrangères. Sans oublier les *free-lance,* recrutés au coup par coup, qui couvrent environ 20 % des besoins.

La chaîne du tourisme

Une multitude d'entreprises privées et publiques œuvrent au développement du tourisme. Ainsi, près de 5 325 entreprises (tour-opérateurs et agences de voyages) élaborent des circuits et vendent des prestations, réservent des billets ou confectionnent des formules sur mesure. Il faut y ajouter les comités régionaux et départementaux de tourisme, ainsi que les 3 600 offices de tourisme et syndicats d'initiative encadrant, chacun à leur niveau, l'activité touristique du pays. Enfin, quelque 18 500 hôtels, toutes catégories confondues, s'adressent à une clientèle de plus en plus internationale. Dans tous les cas, à côté des compétences techniques propres à ce créneau, la maîtrise de l'anglais est devenue indispensable. Et, parfois, une seconde langue constitue un atout.

Les entreprises

Fleurons de l'économie française, des géants comme Renault, Danone, Michelin réalisent l'essentiel de leur chiffre d'affaires à l'étranger. De plus, le constructeur automobile, par exemple, compte 60 % de non-francophones parmi ses équipes. Impossible d'exercer des responsabilités au sein de ces environnements multiculturels sans maîtriser au minimum l'anglais. Les entreprises soucieuses d'exporter ont besoin de commerciaux parlant l'anglais, mais aussi le chinois, le japonais ou l'allemand… Et, de plus en plus, les compétences linguistiques jouent un rôle clé dans les achats de biens intermédiaires, de matières premières ou autres fournitures, en particulier dans les pays de l'Est ou en Asie du Sud-Est. Certaines entreprises font en outre appel à des interprètes et traducteurs indépendants pour décliner leur communication, ponctuellement, dans les langues locales.

Les agences de traduction par spécialités

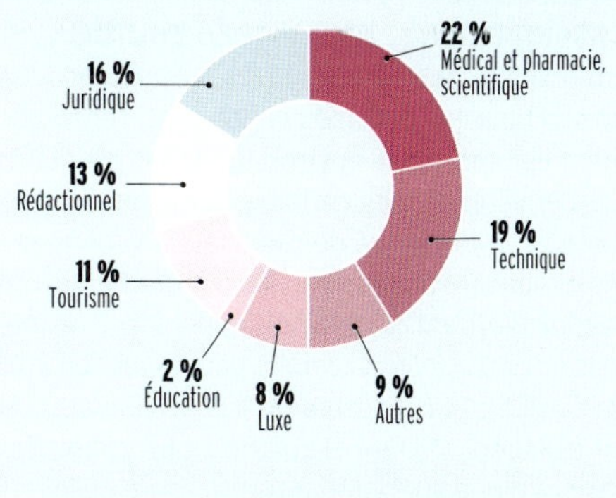

Source : Observatoire de la traduction 2010, Chambre nationale des entreprises de traduction.

Des perspectives variées

Enseignement, interprétation, traduction, commerce... les débouchés ne manquent pas pour les « linguistes ». Mis à part les enseignants, la majorité des professionnels ayant suivi une formation en langue vivante (et/ou une double formation) exerce une activité en entreprise. Avec des situations très diverses selon le secteur et le métier.

© NICOLAS DARPHIN / UPEC

Enseignement : un nouveau souffle

Longtemps considéré comme un débouché « naturel » pour les diplômés en langues, l'enseignement est choisi par environ 10 % des étudiants. Ces dernières années, certaines disciplines, comme l'anglais, ont manqué de candidats aux concours. Pour répondre aux besoins, les recrutements d'enseignants offrent aujourd'hui des perspectives intéressantes. Quelques exemples pour la session 2013, au CAPES : 1 050 postes offerts en anglais, 340 en espagnol, 270 en allemand... Les débouchés varient d'une spécialité à l'autre (on a besoin de moins d'enseignants dans certaines langues rares), mais l'horizon semble dégagé pour les linguistes qui rêvent d'enseigner. Viser l'agrégation ou un poste d'enseignant-chercheur est plus difficile, et les perspectives plus limitées.

Traduction : surtout en indépendant

Majoritairement indépendants, les traducteurs travaillent à leur compte pour différents clients, comme les entreprises ayant besoin de compétences en langues qu'elles ne peuvent satisfaire en interne. Parallèlement, les agences de traduction répondent à des offres et sous-traitent aux traducteurs indépendants. *« La plupart ont suivi une formation universitaire en traduction, mais de nombreux confrères arrivent à ce métier grâce à une très bonne maîtrise d'une ou de plusieurs langues étrangères acquise au cours d'une première expérience dans un autre domaine »*, précise Débora Farji-Haguet, membre de la SFT (Société française des traducteurs/Syndicat national des traducteurs professionnels). Moins nombreux, les postes salariés se situent principalement dans les institutions européennes, les organisations internationales, les ministères et autres organismes publics. Du côté des entreprises, il s'agit aussi bien de grandes multinationales que de PME, en passant par des bureaux d'études, des maisons d'édition, etc.

Interprétation : patience et compétence

« Il est devenu difficile de s'établir dans la profession, une carrière débute lentement », prévient Bettina Ludewig-Quaine, représentante française de l'AIIC (Association internationale des interprètes de conférence). Plus de 80 % des interprètes sont indépendants. On recrute du côté des Nations Unies, de l'Union européenne et des organisations internationales, mais tous les jeunes diplômés ne peuvent y prétendre. L'UE, par exemple, recrute des interprètes de conférences basés à Bruxelles. Un conseil ? *« Se rapprocher des professionnels déjà en exercice, ne pas s'isoler, car on débute beaucoup par réseau dans ce métier »*, résume Bettina Ludewig-Quaine. La combinaison anglais-français dans les deux sens est le minimum requis. Dans un second temps, la maîtrise d'autres langues s'avère indispensable pour faire carrière.

Commerce international : des places à prendre

Une partie non négligeable des diplômés en langues, notamment ceux de la filière LEA, s'orientent vers les fonctions commerciales. *« Le commerce international offre toujours des perspectives de recrutement intéressantes pour les cadres »*, assure Pierre Lamblin, directeur des études à l'Apec (Association nationale pour l'emploi des cadres). Les profils qui séduisent ? *« Les jeunes diplômés ayant suivi un cursus international en école de commerce ou à l'université, avec un ou plusieurs séjours à l'étranger. »* Même en période de crise, les entreprises peuvent difficilement se passer des forces commerciales, notamment pour les activités liées au *sourcing* (service global d'approvisionnement), aux achats, à la logistique... Du côté du tourisme, qui représenterait environ 10 % des débouchés, sont surtout concernés les métiers de guide-conférencier (bac + 3) et de chef de produit touristique (bac + 5). ■

INFOS +

Du côté de la communication

Les langues se pratiquent aussi dans les services de communication des entreprises, même si les embauches se sont un peu tassées. Ce sont surtout les agences (spécialisées dans le digital, les réseaux sociaux, la réputation *on line*...) qui « portent » l'emploi actuellement. Profils recherchés : les spécialistes de la veille *on line* sur une marque, les experts en communication de crise. Autre recruteur : les agences de *lobbying* en affaires publiques, qui exigent des profils bilingues en anglais. Même si elles font rêver, les organisations internationales recrutent peu, tout comme les ONG.

Les atouts pour son CV

DES EXPÉRIENCES À VALORISER

LES ÉTUDIANTS EN LANGUES ÉTRANGÈRES VIVENT QUELQUES TEMPS FORTS AU COURS DE LEUR SCOLARITÉ, QUI SONT AUTANT DE JALONS POUR UNE INSERTION PROFESSIONNELLE RÉUSSIE. LES STAGES, PAR EXEMPLE, SONT LE MEILLEUR MOYEN DE SE FAIRE APPRÉCIER ET PEUT-ÊTRE RECRUTER. AUTRE OPPORTUNITÉ À EXPLOITER AU MAXIMUM : LES SÉJOURS À L'ÉTRANGER QUI PERMETTENT UNE IMMERSION PROLONGÉE DANS UNE AUTRE CULTURE.

Jouer la carte des stages

Composante à part entière d'un parcours de formation, le stage offre la possibilité de mettre ses connaissances en pratique et de faire ses premiers pas en entreprise. Une expérience enrichissante et utile à bien des niveaux.

Préciser son projet

Dans le domaine des langues comme ailleurs, le passage par une période de stage au cours de ses années d'études est incontournable. Souvent partie intégrante des formations professionnelles en école comme à l'université, le stage peut être effectué pendant les quelques années précédant la « spécialisation », en cours de licence LEA par exemple. L'occasion, souvent, de préciser un projet professionnel. *« Effectuer un stage au cours de la licence peut être très utile, notamment pour les étudiants qui hésitent à s'engager dans un processus long de master,* explique Bruno Durand, responsable du master logistique internationale de l'université de Nantes. *Une semaine de découverte peut être également suffisante pour déterminer si le secteur envisagé par l'étudiant l'intéresse vraiment et lui convient. »*

Une expérience à l'étranger

Lorsque le projet professionnel est suffisamment précis, cette expérience peut prendre la forme d'un stage à l'étranger. Car impossible d'imaginer travailler dans le domaine des langues ou de l'international sans avoir quitté l'Hexagone pendant plusieurs mois pour se familiariser avec la culture d'un autre pays. *« En M1, je devais effectuer un stage,* explique Clément Paternoster, commercial export trilingue, diplômé de la filière LEA. *Le faire à l'étranger n'était pas obligatoire mais fortement conseillé. C'est ce qui m'a permis de passer 6 mois en Australie ! »* Une expérience valorisante sur un CV lorsqu'il y a une cohérence avec le parcours universitaire. Et qui peut faire la différence lors de la sélection dans certaines spécialités de master ! *« L'entrée en M2 n'est pas automatique,* remarque Bruno Durand. *À chaque étudiant de prouver sa motivation. Dans notre secteur, avoir choisi d'effectuer son stage de M1 à l'étranger montre une certaine volonté ! »*

Un tremplin pour l'emploi

Souvent effectué en fin de cursus, le stage constitue une voie d'accélération pour entrer dans la vie active, et ce, même pour les traducteurs et interprètes, qui exercent majoritairement en indépendants. *« Il n'est pas rare que les étudiants ayant effectué leur stage au sein d'entreprises ou dans des maisons d'édition et ayant donné satisfaction soient recrutés à l'issue de la formation,* explique Fayza El Qasem,

© SOPHIE ROBICHON- MAIRIE DE PARIS128938

responsable de la filière traduction de l'Esit. *Pour ceux qui préfèrent exercer en tant qu'indépendants, les premières commandes arrivent beaucoup plus rapidement...* » Les stages au sein des différentes organisations internationales s'avèrent eux aussi payants, même si, à terme, passer un concours de recrutement est incontournable ! « *En fin de 2e année, les étudiants doivent effectuer des stages courts au sein des organisations internationales,* explique Sarah Bordes, responsable de la section interprétation de l'Isit. *Durant ces stages, ils sont mis en situation réelle, et évalués. Cela permet à certains d'entre eux de se démarquer, et d'être recrutés en tant que* free-lance *dans un premier temps.* » L'enjeu du stage est donc de taille : l'entreprise d'accueil ne doit pas être choisie à la légère, car c'est un employeur potentiel !

PRATIQUE

S'informer pour trouver une entreprise d'accueil

À l'université et dans les écoles spécialisées : un **bureau des stages** centralise les offres et accompagne les étudiants dans leurs recherches.

Des **professionnels** interviennent régulièrement dans les écoles sur des thématiques précises. Ne pas hésiter à se rapprocher d'eux afin d'en savoir plus sur l'entreprise dans laquelle ils travaillent et s'il y a moyen d'y faire un stage.

Les **salons** thématiques sont l'occasion de rencontrer de nombreux professionnels, de s'entretenir avec eux et de déposer un CV en vue d'un stage. Par ailleurs, les entreprises et agences disposent d'un site Internet. Il est simple de les contacter par ce biais, en motivant sa demande.

Enrichir son profil à l'étranger

Rien de tel que les échanges et les séjours à l'étranger pour s'immerger dans la culture d'un pays et crédibiliser son CV. Mais comment construire son projet ? À quel moment partir, dans quel cadre et pour quelle durée ?

© BÉATRICE FAVEUR / ONISEP

Des programmes d'échanges formateurs

« En 3e année de LEA, j'ai décidé de partir 1 an en Espagne via *Erasmus. Cela me paraissait nécessaire dans un cursus en langues. De plus, je voulais renforcer mon espagnol, qui pourrait me servir à l'avenir pour trouver un poste »*, explique Yasmine, chargée de communication chez Orange. Comme Yasmine, nombreux sont les étudiants à partir étudier (ou faire un stage) grâce à Erasmus. Ce célèbre programme européen d'échanges a attiré plus de 31 000 étudiants français en 2012. En tête des destinations ? Les pays frontaliers : l'Espagne, le Royaume-Uni, l'Allemagne... À eux seuls, ces trois pays accueillent plus de la moitié des étudiants français en mobilité. Des séjours très formateurs, et pas seulement en langues. *« S'immerger dans une culture pendant 1 année entière est une expérience qui m'a fait grandir. Tous les repères sont chamboulés, on doit chercher son appartement, gérer un budget... On apprend à se débrouiller seul, en s'adaptant à de nouveaux codes. »* Et l'on ne perd pas son année : les accords d'échanges internationaux de type Erasmus permettent à l'étudiant qui effectue un séjour à l'étranger de valider un nombre de crédit ECTS correspondant aux enseignements suivis dans l'établissement partenaire (sous réserve des résultats obtenus).

7 mois

C'est la durée moyenne de séjour pour les mobilités d'études.

Source : « Génération Erasmus, 25 ans », A2E2F, 2012.

Enrichir son CV

D'autres formules permettent de partir à l'étranger : accords entre universités, partenariats entre écoles... ou d'organiser soi-même son séjour pour suivre des cours, voire travailler. *« Au cours de mes études, je suis partie 1 an en Floride pour vendre du vin. Je voulais une expérience bilingue,* raconte Julie, traductrice technique. *Cela m'a permis d'acquérir une compétence supplémentaire car, depuis, la traduction en œnologie fait partie de mes spécialités. »* Partir permet également de se forger un profil international et de se constituer un réseau. Mylène, diplômée de l'Inalco, a ainsi décroché un emploi de consultante dans une agence en Chine notamment grâce à un séjour de 2 mois à Pékin pendant ses études. *« C'est indispensable si l'on veut être crédible pour des postes à l'international,* insiste-t-elle. *Au-delà de la maîtrise de la langue, il faut connaître les coutumes locales, les usages... et savoir mener une discussion. Dans notre cabinet, on ne prend que des personnes qui ont étudié le chinois et qui ont déjà séjourné en Chine. »*

Un projet à préparer

Encore faut-il prendre le temps de préparer son départ. Étudiants et professionnels s'accordent à dire qu'il faut environ 1 an pour construire son projet. Durée du séjour, moment du départ, contenu de la formation, financement... autant de paramètres à évaluer selon les objectifs. Écoles et universités offrent souvent des réseaux d'aide. *« La première démarche consiste à se rendre au service des relations internationales de son établissement, qui dispose de documents et organise des réunions d'information. Il peut aussi vous mettre en relation avec des étudiants qui sont déjà partis. Il y a également les associations étudiantes, les sites Internet et les blogs »,* explique Sandrine Dickel, de l'agence Europe-Éducation-Formation, qui gère le programme Erasmus pour la France. Sans compter les conseils de ceux qui sont déjà partis, comme Marine, qui a choisi, pendant son semestre à Vienne, de prendre un travail de vendeuse à mi-temps en plus de ses études. *« Quand on part à l'étranger, il faut veiller à ne pas rester qu'entre étudiants expatriés, sinon on ne parle qu'anglais et français ! Avoir un job m'a permis d'être totalement intégrée et d'avoir des contacts réguliers avec la population locale. »* ■

PRATIQUE

Les sites-ressources

L'**agence Europe-Éducation-Formation** (www.europe-education-formation.fr) est une mine d'informations sur les différents programmes d'échanges (Erasmus, Erasmus Mundus, Comenius, Leonardo da Vinci...). Citons également le site **Génération Erasmus** (www.generation-erasmus.fr) qui propose des conseils pratiques (dispositifs, formalités...) et des témoignages en vidéos, et celui d'**Euroguidance** (www.euroguidance-france.org/fr). Pour les programmes d'échanges hors Europe, le site du **Crepuq** (http://echanges-etudiants.crepuq.qc.ca) pour le Québec, ou ceux de l'**Isep** (www.isep.org) et de la **Micefa** (http://micefa.org) pour les États-Unis permettent de se renseigner sur ces dispositifs.

Se lancer

© ISHOOT63 / ISTOCKPHOTO

SORTIR DU LOT

DIPLOMATE, INTERPRÈTE DE CONFÉRENCES, CADRE DANS UNE ORGANISATION INTERNATIONALE... TRIÉS SUR LE VOLET, CES PROFESSIONNELS ONT SU SE MONTRER DÉTERMINÉS POUR RÉUSSIR : ACCEPTER UN POSTE EN VOLONTARIAT INTERNATIONAL, PARTIR COMME ASSISTANT, PRÉPARER UN CONCOURS... DÉBUTER DANS LA VIE ACTIVE, C'EST AUSSI OPTER POUR UN STATUT PROFESSIONNEL. EN SACHANT QUE TRAVAILLER COMME INDÉPENDANT OU FONCTIONNAIRE INTERNATIONAL, C'EST UN VÉRITABLE CHOIX DE VIE. AVEC SES AVANTAGES ET SES INCONVÉNIENTS.

Partir comme assistant ou volontaire international

Travailler hors Hexagone : un rêve pour beaucoup d'étudiants en langues. Le volontariat international permet d'occuper un emploi dans une entreprise (VIE) ou une administration (VIA) à l'étranger. Autre possibilité : devenir assistant de français dans un établissement scolaire à l'étranger.

© F. DE LA MURE / MAEE / CC FLICKR

Seconder les professeurs de français

Pour les étudiants qui ont la fibre pédagogique, il est possible de postuler un emploi d'assistant de français dans une école élémentaire, un établissement secondaire ou universitaire à l'étranger. Près de 2 000 postes d'assistant ont ainsi été proposés en 2013 dans 20 pays. *« 60 % des étudiants qui s'inscrivent à notre programme sont en LLCE (souvent avec un parcours FLE), et 11 % en LEA*, note Delphine Cayrel, responsable de la mobilité au Centre international d'études pédagogiques (Ciep), qui gère ce dispositif. *Il y a actuellement un engouement pour l'Australie, la Nouvelle-Zélande, les États-Unis, le Canada ou encore l'Argentine. Le Royaume-Uni, qui offre près de la moitié des postes, est lui aussi très populaire. À l'inverse, nous avons plus de mal à recruter des candidats pour l'Allemagne, l'Italie, les pays d'Amérique du Sud... »*

Une fois retenus, les assistants sont affectés pour une durée de 7 à 12 mois, et secondent les professeurs de français. Ils sont rémunérés entre 400 et 2 100 euros net par mois, selon le niveau de vie du pays, pour une moyenne de 14 heures par semaine. Au programme : cours de conversation avec les élèves, initiation à la langue et à la civilisation françaises, pratique de la langue orale... *« Le rôle de l'assistant est de faire parler les élèves,*

980 €/mois

C'est ce que touche un assistant de français au Royaume-Uni.

Source : site du Ciep, fiche pays « Royaume-Uni », 2013.

les désinhiber face à la langue française. Le fait qu'il soit jeune peut également aider à libérer leur parole », précise Delphine Cayrel.

Un poste à l'étranger

Autres possibilités pour occuper un poste à l'étranger : le VIE ou le VIA (volontariat international en entreprise/administration). Il permet à un employé, à un stagiaire ou à un jeune diplômé de partir dans une filiale d'une entreprise française, une administration, une organisation internationale... dans le cadre d'une mission, pour une durée de 6 à 24 mois. L'employé est rémunéré (le montant varie selon le niveau de vie du pays), et bénéficie d'une couverture sociale. *« Je touche 1 700 euros net par mois,* précise Mathieu, actuellement en VIE à Bruxelles. *Comme c'est une indemnité, et non un salaire, ce revenu n'est pas imposable, mais je ne cotise pas pour le chômage. »*

Une expérience qui permet de se lancer dans la vie professionnelle. *« À la fin de mon stage à la Société générale, j'ai postulé pour un VIE qui s'ouvrait dans la filiale roumaine,* explique Delphine. *C'est un tremplin idéal entre la fin des études et l'entrée dans la vie professionnelle. Je n'avais que 22 ans, et l'on m'a confié des responsabilités, dont la coordination de projets sur des outils de banque à distance. J'ai également appris le roumain ! »* De retour en France, Delphine décroche un CDI au siège à Paris. Pour les VIA, les chances de transformer l'essai sont moindres, car le recrutement dans la fonction publique se fait principalement sur concours.

Préparer son départ

Pour devenir assistant de français, rendez-vous sur le site du Ciep (ciep.fr). La sélection se fait sur dossier, avec avis d'un professeur de langue. *« Avoir des activités extrascolaires est un atout,* précise Delphine Cayrel. *Jouer d'un instrument, entraîner une équipe de basket... est très apprécié, notamment par les pays anglo-saxons, qui recherchent des profils capables d'animer en plus des clubs de musique, de théâtre... »* Pour le volontariat international, l'inscription se fait sur le site du Civi (civiweb.com) ; il faut ensuite consulter les offres de mission et postuler.

Autre dispositif, qui émerge : le *Graduate Program*, qui permet à un jeune diplômé d'exercer plusieurs fonctions dans une entreprise internationale, et de changer ainsi de pays selon les missions. Une piste intéressante pour les diplômés en langues ayant des compétences en marketing, export...

PRATIQUE

Les conditions à remplir

Pour l'assistanat de français, il faut être âgé de 20 à 35 ans, et avoir validé au minimum une L1 (voire une L2 ou une L3 selon les pays) dans diverses disciplines (langues, mais aussi lettres, sciences humaines, arts, sciences, STAPS, économie, droit...). Il n'est pas possible de poser sa candidature pour plusieurs pays.

Pour le VIE, vous devez avoir entre 18 et 28 ans. Une grande majorité de volontaires possèdent un bac + 5. Le CV doit être soigné et le projet professionnel motivé. Informations sur les sites d'Ubifrance (ubifrance.fr), qui gère le VIE, et du Quai d'Orsay (diplomatie.gouv.fr), pour le VIA.

Des statuts pas toujours choisis

Free-lance, fonctionnaire ou salarié, les professionnels des langues sont conduits à travailler sous des statuts divers, souvent liés au métier exercé. Chacun possèdent ses avantages et ses inconvénients, l'important est de savoir à quoi s'attendre.

© GRÉGOIRE MAISONNEUVE / ONISEP

Indépendant : le prix de la liberté

Les chiffres parlent d'eux-mêmes : 80 % des traducteurs et 90 % des interprètes de conférences exercent en libéral, rares étant les entreprises à employer ces professionnels à temps plein ! Un statut souvent partagé par les formateurs et les guides-conférenciers, qui exige de travailler à son compte, souvent à domicile, pour différents clients qu'il faut soi-même démarcher. *« Le démarrage peut être douloureux car il faut s'armer de patience le temps de se faire connaître... Et, une fois établi, il faut être capable d'accepter psychologiquement cette précarité »*, remarque Bettina Ludewig-Quaine, représentante française de l'AIIT (Association internationale des interprètes de conférences). Car, si cette liberté peut sembler séduisante, elle ne va pas sans inconvénients : le volume de travail et les revenus varient d'un mois sur l'autre, et sont difficilement prévisibles. *« Lorsque le traducteur travaille à son compte*, souligne Débora Farji-Haguet, membre de la SFT (Société française des traducteurs), *il faut qu'il sache chercher et entretenir sa clientèle, s'adapter aux besoins du client tout en le conseillant, communiquer sur les prestations qu'il offre, et enfin comprendre et respecter les aspects déontologiques, législatifs et fiscaux de son métier. »* Contrepartie positive : n'avoir de comptes à rendre qu'à soi-même, pouvoir choisir ses domaines de spécialisation comme ses clients et, comble du luxe, pouvoir organiser son temps de travail !

Fonctionnaire : la sécurité de l'emploi

Aux antipodes du statut d'indépendant, un certain nombre de professionnels du secteur des langues exercent comme fonctionnaires, enseignants en tête ! Une poignée d'interprètes et de traducteurs trouvent également leur place dans les institutions internationales et, plus rarement, au sein de certains ministères français, comme celui de l'Économie ou encore des Affaires étrangères. Une sécurité de l'emploi conditionnée par la réussite aux concours de niveau bac + 5 en moyenne, et souvent très sélectifs. *« Les organisations internationales ne recrutent pas tous les ans,* remarque Bettina Ludewig-Quaine. *Le nombre de postes est défini en fonction des besoins, il n'y a pas de régularité dans ce domaine. Il peut se passer 3 ans sans qu'il y ait de concours. »* En contrepartie de conditions de travail plus confortables que celles de leurs homologues indépendants, les traducteurs et interprètes employés par les organisations internationales n'ont généralement pas d'autre choix que de s'expatrier, au plus près à Bruxelles, au plus loin aux États-Unis. Mais, comme le remarque Estelle Dupont-Tusseau, ancienne *free-lance* aujourd'hui interprète à la Commission européenne, *« la sécurité du statut de fonctionnaire international est plaisante et offre un confort psychologique très important. Il permet également d'évoluer et d'apprendre de nouvelles langues. Nous sommes des privilégiés... ».*

Salarié : pour certains métiers

Une fois le diplôme en poche, certaines fonctions ne laissent pas d'autre choix que de chercher du travail du côté du secteur privé. Les assistants trilingues, ingénieurs d'affaires, commerciaux export, acheteurs ou encore logisticiens à l'international trouvent à s'insérer dans des PME ou des multinationales. Ces dernières leur offrent souvent la possibilité, au vu de leurs fonctions, d'aller exercer quelques années à l'étranger. De leur côté, les chargés de communication peuvent espérer décrocher un contrat au sein d'une société, mais aussi en agence de communication. Plus rassurant, le salariat implique de s'adapter à l'entreprise et à ses contraintes, mais permet de travailler en équipe et de baigner dans un environnement social enrichissant. ■

INFOS +

Auteur, un statut à part

Écrivains, scénaristes, réalisateurs et dialoguistes sont des auteurs. Parce que la traduction/adaptation littéraire ou audiovisuelle restitue le fruit de leur travail dans une autre langue, elle est également une activité de création. C'est la raison pour laquelle les traducteurs audiovisuels ainsi que les traducteurs littéraires indépendants ont aussi le statut d'auteur. Dans ce système, l'auteur cède, contre une prime de commande (payée par son client au moment de la livraison de la traduction/adaptation), le droit d'exploiter le fruit d'un travail intellectuel. S'il déclare ses œuvres (en l'occurrence, ses traductions) auprès d'une société d'auteurs (par exemple, la Scam pour les traducteurs audiovisuels), il perçoit également une rémunération *a posteriori* à hauteur de la diffusion sur une chaîne, au format DVD...

Des concours orientés international

Ministère des Affaires étrangères, Union européenne, organisations internationales… ces institutions organisent des concours permettant d'accéder à des carrières internationales. Métiers proposés, niveau exigé, nombre de postes ouverts… l'essentiel pour s'y retrouver.

Entrer au Quai d'Orsay

Plusieurs concours du ministère des Affaires étrangères permettent d'accéder aux carrières de fonctionnaire de la diplomatie. 172 postes ont ainsi été proposés en 2012. Le concours de catégorie A de conseiller des affaires étrangères (cadre d'Orient) est ouvert aux titulaires d'une licence. Dans les faits, les admis ont au minimum un bac + 5. Les candidats doivent choisir une section géographique parmi trois proposées, et une langue : Europe orientale et Asie centrale (persan, russe, turc) ; Asie méridionale et Extrême-Orient (chinois, hindi, japonais) ; Maghreb, Moyen-Orient, Afrique (arabe, hébreu, swahili). Les écrits d'admissibilité portent sur les questions internationales, l'évolution politique, économique et culturelle du monde, la civilisation, l'histoire et la vie politique des pays de la section choisie, le droit public ou l'économie, l'anglais et la langue choisie ; puis oraux d'admission ; 3e langue facultative. En 2013, sur 81 candidats présents, 3 admis ! Les postes de conseiller des affaires étrangères (cadre général) sont, eux, réservés aux élèves de l'ENA.

23 langues
aux concours de l'UE.
Source : site de l'Epso, 2013.

Un haut niveau de langues

Pour le secrétaire des affaires étrangères (cadre d'Orient et cadre général), catégorie A, il faut une licence (dans les faits, un bac + 5). Même type d'épreuves que pour les conseillers. Pour le cadre général, les langues étrangères proposées sont allemand, espagnol, italien, portugais. Là encore, la sélection est forte : 338 présents pour 10 admis (cadre général) et 112 présents pour 12 postes (cadre d'Orient) en 2013. *« Le niveau exigé en langue est très élevé,* précise Charles Thépaut, diplômé de l'IEP de Lille et lauréat du concours cadre d'Orient avec la langue arabe. *Pour bien me préparer, j'ai effectué plusieurs séjours dans des pays arabophones, comme la Syrie et l'Algérie. J'ai travaillé là-bas au sein d'ambassades. En plus de la langue, cela m'a permis de me familiariser avec le monde diplomatique. À l'oral, le jury pose d'ailleurs beaucoup de questions sur le fonctionnement du Quai d'Orsay. »*

Pour devenir secrétaire de chancellerie (18 postes en 2012, catégorie B), l'accès se fait avec un niveau bac ; rédaction d'une note à partir d'un dossier administratif, gestion des RH, compta et finance

© J.P.RÉMY / WBT

ou géographie économique de la France et de l'UE ; anglais, oraux d'admission, LV2 facultative. Plus d'informations sur www.diplomatie.gouv.fr.

Organisations internationales, Europe

Les organisations internationales recrutent également sur concours des diplômés en langues vivantes. Quelques places sont accessibles, au compte-gouttes. À l'ONU par exemple : postes linguistiques (traducteur, interprète...) et de jeunes administrateurs. Dans l'Union européenne (Commission, Parlement, Cour de justice...), les concours sont organisés par l'Office européen de sélection du personnel (Epso ; europa.eu/epso). Recrutement d'administrateurs à bac + 3 (deux langues obligatoires) dans différents domaines, dont les langues, avec des traducteurs, des interprètes, des juristes-linguistes... ainsi que d'assistants (niveau bac), qui assurent la gestion interne des institutions. Attention, très peu de postes sont offerts, et les candidats ont souvent un niveau bien supérieur à celui demandé !

Débuter comme contractuel

Le nombre de postes étant très limité, il est possible de travailler pour ces institutions en tant que stagiaire ou contractuel, puis de passer (ou non) les concours. *« J'ai toujours voulu être fonctionnaire international et travailler à un haut niveau,* explique Estelle, interprète de conférences à la Commission européenne. *J'ai d'abord fait des missions de 5 jours par mois pour la Commission, puis mon chef d'unité m'a proposé un contrat temporaire de 2 ans. À la fin de ce contrat, j'ai passé le concours d'interprète. On peut avoir quelques années difficiles avant de réussir un concours, parce que ceux-ci n'ont pas lieu tous les ans. Mais c'est possible, il y a de l'espoir ! »*

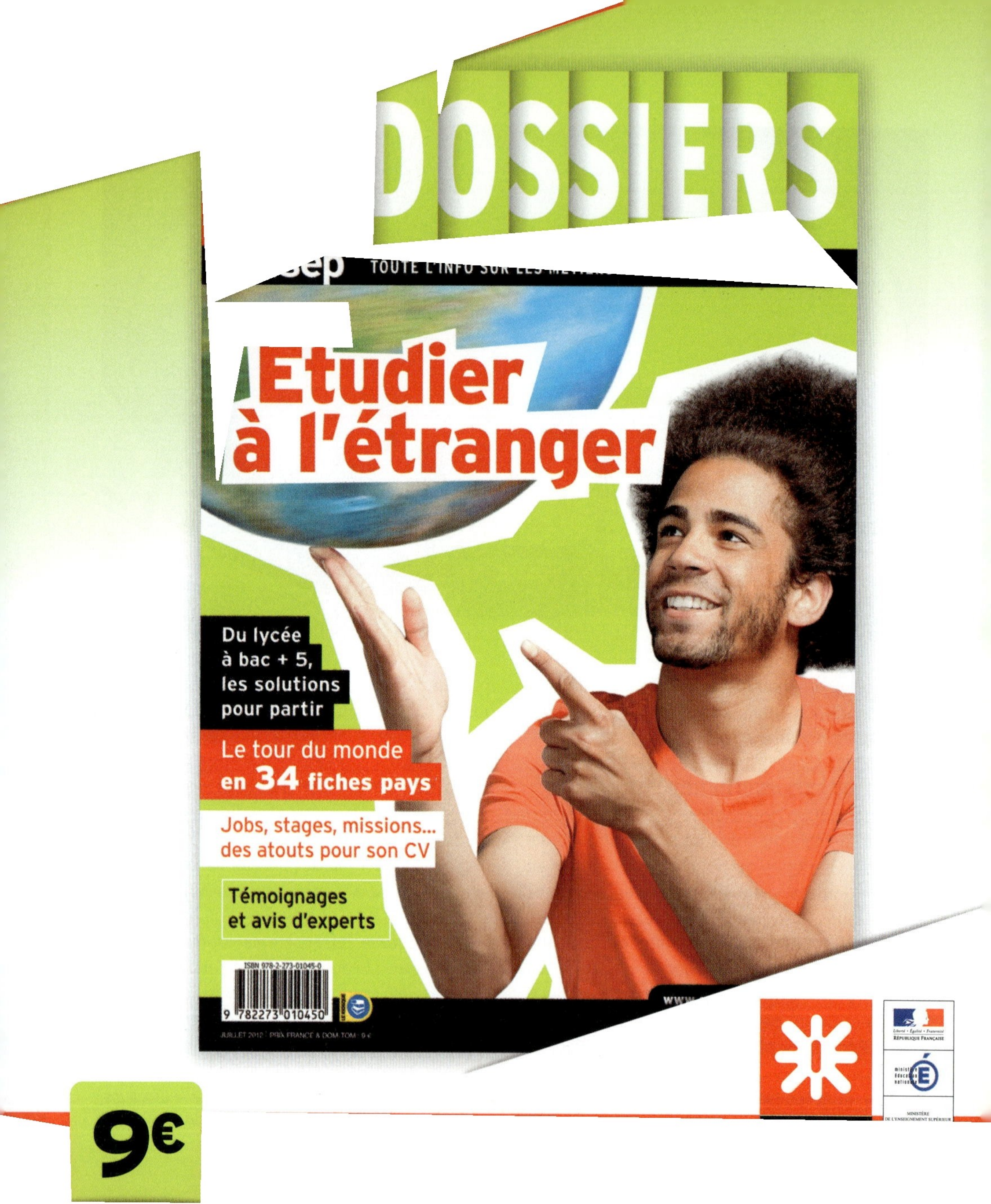
DOSSIERS
TOUTE L'INFO SUR
Etudier à l'étranger
Du lycée à bac + 5, les solutions pour partir
Le tour du monde en 34 fiches pays
Jobs, stages, missions... des atouts pour son CV
Témoignages et avis d'experts
ISBN 978-2-273-01045-0
9 782273 010450
JUILLET 2012 · PRIX FRANCE & DOM-TOM : 9 €
9€
Liberté • Égalité • Fraternité
RÉPUBLIQUE FRANÇAISE
MINISTÈRE DE L'ENSEIGNEMENT SUPÉRIEUR

GUIDE PRATIQUE

Ressources Onisep

Sur Internet ou sur papier, l'Onisep vous permet de découvrir les secteurs professionnels, les métiers et les formations.

onisep.fr

Pour en savoir plus sur les filières d'études, pour compléter votre carnet d'adresses sur les formations ou pour découvrir d'autres secteurs.

mon orientation en ligne.fr — DES CONSEILLERS EN LIGNE PAR MAIL TCHAT ET TÉLÉPHONE

Des questions sur les formation et les métiers ? Des experts de l'Onisep et des conseillers d'orientation-psychologues vous renseignent de façon personnalisée. Pour les contacter, trois moyens :
- par courrier électronique www.monorientationenligne.fr ;
- par chat ;
- par téléphone au 01 77 77 12 25 (appel non surtaxé ; du lundi au vendredi, de 8 h à 20 h).

onisep TV

Pour découvrir plusieurs vidéos et interviews sur les métiers et les formations des assurances, de la banque et de la finance : http://oniseptv.onisep.fr.

Étudier à l'étranger, coll. « Dossiers »

Les métiers du tourisme et des loisirs, coll. « Parcours »

Relais d'information

L'Onisep

L'Office national d'information sur les enseignements et les professions (Onisep) édite des documents d'information sur les études supérieures (collections « APB-Infosup », « Dossiers »), les secteurs d'activité et les métiers (collection « Parcours », fiches métiers). À consulter au CDI de votre lycée ou au CIO. Vous pouvez aussi visiter le site www.onisep.fr.

Les CIO

Dépendant du ministère de l'Éducation nationale, environ 600 centres d'information et d'orientation (CIO) informent sur les études, les formations professionnelles et les métiers. Vous pouvez prendre rendez-vous avec un conseiller d'orientation-psychologue afin d'élaborer un projet d'orientation et recevoir des conseils personnalisés. Liste des CIO sur www.onisep.fr.

Le CIDJ et le réseau information jeunesse

Situé à Paris, le Centre d'information et de documentation jeunesse (CIDJ) accueille et renseigne les jeunes sur divers sujets (formation, logement, santé, loisirs, emploi...). Le réseau information jeunesse est présent sur tout le territoire. Liste des points d'accueil sur www.cidj.com.

Sites et organismes professionnels

Pour en savoir plus sur les métiers, les formations et l'emploi dans le secteur des langues et de l'international.

Traduction

anlea.org
Site de l'Association nationale des langues étrangères appliquées (Anléa) qui présente le cursus LEA : caractéristiques, débouchés, liste des établissements avec descriptif des diplômes, et propose des infos sur la professionnalisation et la mobilité internationale.

www.atlf.org
Site de l'Association des traducteurs littéraires de France (ATLF) qui propose différentes ressources pour les professionnels : code des usages, modèle de contrat, glossaire et sélection de formations universitaires aux métiers de la traduction.

www.sft.fr
Site de la Société française des traducteurs (SFT) qui propose des informations sur les métiers de la traduction, un annuaire de professionnels.

www.traducteurs-av.org
Site de l'Association des traducteurs et adaptateurs de l'audiovisuel (ATAA) qui présente ses actions et les métiers de la traduction audiovisuelle (doublage, sous-titrage, *voice-over*), des documents pratiques et un annuaire de professionnels.

Interprétation

aiic.net
Site de l'Association internationale des interprètes de conférences (AIIC) qui propose des infos sur le métier d'interprète de conférences et sur les formations pour y accéder. Et aussi, des actualités et différentes ressources pour les débutants dans le métier et les interprètes confirmés.

ec.europa.eu/dgs/scic
Site de la Commission européenne, rubrique de la Direction générale de l'interprétation (« DG Interprétation ») : présentation du métier d'interprète de conférences, définition de certains termes techniques et informations pour devenir interprète.

www.afils.fr
Site de l'Association française des interprètes et traducteurs en langue des signes (Afils) qui propose une présentation des métiers, des conseils et une liste de formations universitaires.

www.dgcis.redressement-productif.gouv.fr/tourisme
Rubrique « Tourisme » du site de la Direction générale de la compétitivité, de l'industrie et des services (DGIS) qui présente la profession de guide-conférencier, avec les conditions d'obtention de la carte professionnelle, les textes réglementaires et la liste des formations.

Enseignement

www.devenirenseignant.org
Site de recrutement de l'enseignement catholique : calendrier des concours, présentation des métiers et des formations.

www.education.gouv.fr/espace-recrutement
Rubrique « Recrutement » du ministère de l'Éducation nationale : présentation des métiers, questions-réponses, calendrier des concours.

www.enseignementsup-recherche.gouv.fr
Site du ministère de l'Enseignement supérieur. Dans la rubrique « Ressources humaines », présentation des concours, des métiers et des carrières dans l'enseignement supérieur et la recherche.

www.fle.fr
Site de l'Agence de promotion du français langue étrangère (FLE) qui propose des offres d'emploi et de stage, un répertoire de formations universitaires, et des ressources pédagogiques pour les enseignants de FLE.

Commerce international

jd.apec.fr
Site de l'Association pour l'emploi des cadres (Apec) qui propose des outils pour aider les cadres dans leur parcours professionnel et des ressources pour les activités liées à l'international : conseils, fiches métiers, fiches pays et enquêtes sur les marchés de l'emploi.

observatoire.intergros.com
Site de l'Observatoire du commerce interentreprises (OCI) qui publie études et statistiques sur le secteur. Une rubrique consacrée à l'import-export propose une cartographie des métiers.

www.cadre-export.fr
Site spécialisé dans le secteur de l'import-export : actualités, offres d'emploi, témoignages d'experts, annuaire des formations, et informations sur le volontariat international en entreprise (VIE).

Diplomatie

europa.eu/epso
Portail de recrutement des institutions européennes : présentation des métiers, offres d'emploi, procédure de candidature.

www.diplomatie.gouv.fr/fr/les-ministres-et-le-ministere/emplois-stages-concours
Rubrique « Recrutement » du site du ministère des Affaires étrangères. Présentation des différentes voies de recrutement : concours, stage, mobilité interministérielle, volontariat...
Un espace dédié à la Mission des fonctionnaires internationaux (MFI) informe sur les emplois dans les organisations internationales : parcours professionnels, conseils et outils pour la recherche d'emploi, actualités du recrutement...

Liste des établissements et des formations du secteur des langues et de l'international accessibles dès l'après-bac. Pour les écoles, mention du coût et de la durée des études ainsi que du statut des établissements.

Universités

Aix-Marseille
Université d'Aix-Marseille
13284 Marseille www.univ-amu.fr
Université d'Avignon
84029 Avignon www.univ-avignon.fr

Amiens
Université d'Amiens
80025 Amiens www.u-picardie.fr

Besançon
Université de Besançon
25030 Besançon www.univ-fcomte.fr

Bordeaux
Université Bordeaux 1
33405 Talence www.u-bordeaux1.fr
Université Bordeaux 2
33076 Bordeaux www.univ-bordeauxsegalen.fr
Université Bordeaux 3
33607 Pessac www.u-bordeaux3.fr
Université Bordeaux 4
33608 Pessac www.u-bordeaux4.fr
Université de Pau
64012 Pau www.univ-pau.fr

Caen
Université de Caen
14032 Caen www.unicaen.fr

Clermont-Ferrand
Université Clermont-Ferrand 1
63001 Clermont-Ferrand www.u-clermont1.fr
Université Clermont-Ferrand 2
63006 Clermont-Ferrand
www.univ-bpclermont.fr

Corse
Université de Corse
20250 Corte www.univ-corse.fr

Créteil
Université Paris 8
93200 Saint-Denis www.univ-paris8.fr
Université Paris 12
94010 Créteil www.u-pec.fr
Université Paris 13
93430 Villetaneuse www.univ-paris13.fr
Université UPEMLV
77420 Champs-sur-Marne www.univ-mlv.fr

Dijon
Université de Dijon
21078 Dijon www.u-bourgogne.fr

Grenoble
Université Grenoble 1
38041 Grenoble www.ujf-grenoble.fr
Université Grenoble 2
38040 Grenoble www.upmf-grenoble.fr
Université Grenoble 3
38040 Grenoble www.u-grenoble3.fr
Université de Savoie
73011 Chambéry www.univ-savoie.fr

Guadeloupe
Université d'Antilles-Guyane
97157 Pointe-à-Pitre www.univ-ag.fr

La Réunion
Université de La Réunion
97715 Saint-Denis www.univ-reunion.fr

Lille
Université d'Artois
62030 Arras www.univ-artois.fr
Université Lille 1
59655 Villeneuve-d'Ascq www.univ-lille1.fr
Université Lille 2
59800 Lille www.univ-lille2.fr
Université Lille 3
59653 Villeneuve-d'Ascq www.univ-lille3.fr
Université du Littoral
59375 Dunkerque www.univ-littoral.fr
Université de Valenciennes
59313 Valenciennes
www.univ-valenciennes.fr
Université catholique de Lille
59016 Lille www.univ-catholille.fr

Limoges
Université de Limoges
87032 Limoges www.unilim.fr

Lyon
Institut catholique de Lyon
69288 Lyon www.univ-catholyon.fr
Université Lyon 1
69622 Villeurbanne www.univ-lyon1.fr
Université Lyon 2
69007 Lyon www.univ-lyon2.fr
Université Lyon 3
69239 Lyon www.univ-lyon3.fr
Université de Saint-Étienne
42023 Saint-Étienne www.univ-st-etienne.fr

Montpellier
Université Montpellier 1
34967 Montpellier www.univ-montp1.fr
Université Montpellier 2
34095 Montpellier www.univ-montp2.fr
Université Montpellier 3
34199 Montpellier www.univ-montp3.fr
Université de Nîmes
30021 Nîmes www.unimes.fr

Université de Perpignan
66860 Perpignan www.univ-perp.fr

Nancy-Metz
Université de Lorraine
54052 Nancy www.univ-lorraine.fr

Nantes
Université d'Angers
49035 Angers www.univ-angers.fr
Université du Mans
72085 Le Mans www.univ-lemans.fr
Université de Nantes
44035 Nantes www.univ-nantes.fr
Université UCO d'Angers
49008 Angers www.uco.fr
Institut catholique d'études supérieures
85017 La Roche-sur-Yon www.ices.fr

Nice
Université de Nice
6103 Nice www.unice.fr
Université de Toulon
83957 La Garde www.univ-tln.fr

Orléans-Tours
Université d'Orléans
45067 Orléans www.univ-orleans.fr
Université de Tours
37041 Tours www.univ-tours.fr

Paris
Université Paris 1
75231 Paris www.univ-paris1.fr
Université Paris 2
75231 Paris www.u-paris2.fr
Université Paris 3
75230 Paris www.univ-paris3.fr
Université Paris 4
75230 Paris www.paris-sorbonne.fr
Université Paris 5
75270 Paris www.parisdescartes.fr
Université Paris 6
75252 Paris www.upmc.fr
Université Paris 7
75205 Paris www.univ-paris-diderot.fr
Université de Dauphine
75775 Paris www.dauphine.fr
Faculté libre d'éco, de droit et de gestion
75006 Paris www.facoparis.com
Institut catholique de Paris
75006 Paris www.icp.fr
IPC - Facultés libres de philosophie et de psychologie
75014 Paris www.ipc-paris.fr
Inalco
75013 Paris www.inalco.fr

Poitiers
Université de La Rochelle
17071 La Rochelle www.univ-larochelle.fr
Université de Poitiers
86034 Poitiers www.univ-poitiers.fr

Reims
Université de Reims
51097 Reims www.univ-reims.fr

Rennes
Université Rennes 1
35065 Rennes www.univ-rennes1.fr
Université Rennes 2
35043 Rennes www.univ-rennes2.fr
Université de Bretagne occidentale
29238 Brest www.univ-brest.fr
Université Bretagne Sud
56321 Lorient www.univ-ubs.fr
Institut catholique de Rennes
35170 Bruz www.icrennes.com

Rouen
Université du Havre
76063 Le Havre www.univ-lehavre.fr
Université de Rouen
76821 Mont-Saint-Aignan www.univ-rouen.fr

Strasbourg
Université de Mulhouse
68093 Mulhouse www.uha.fr
Université de Strasbourg
67081 Strasbourg www.unistra.fr

Territoires d'outre-mer
Université de Nouvelle-Calédonie
98851 Nouméa www.univ-nc.nc
Université du Pacifique
98702 Faaa www.upf.pf

Toulouse
Université Toulouse 1
31042 Toulouse www.ut-capitole.fr
Université Toulouse 2
31058 Toulouse www.univ-tlse2.fr
Université Toulouse 3
31062 Toulouse www.ups-tlse.fr
Université Champollion
81012 Albi www.univ-jfc.fr
Institut catholique de Toulouse
31068 Toulouse www.ict-toulouse.fr

Versailles
Université Paris 10
92001 Nanterre www.u-paris10.fr
Université Paris 11
91405 Orsay www.u-psud.fr
Université de Cergy
95011 Cergy www.u-cergy.fr
Université d'Évry
91025 Évry www.univ-evry.fr
Université VSQ
78035 Versailles www.uvsq.fr

Instituts d'études politiques (IEP)

13 Aix-en-Provence IEP Aix 25 rue Gaston de Saporta 04 42 17 01 60 www.sciencespo-aix.fr

31 Toulouse IEP Toulouse 2 ter rue des Puits Creusés 05 61 11 02 60 www.sciencespo-toulouse.fr

33 Pessac IEP Bordeaux 11 avenue Ausone 05 56 84 42 52 www.sciencespobordeaux.fr

35 Rennes IEP Rennes 104 boulevard Duchesse Anne 02 99 84 39 39 www.sciencespo-rennes.fr

38 Saint-Martin-d'Hères IEP Grenoble 1030 avenue Centrale 04 76 82 60 00 www.iep-grenoble.fr

59 Lille Sciences Po Lille 84 rue de Trévise + 33 (0) 3 20 90 48 40 www.sciencespo-lille.eu

67 Strasbourg IEP Strasbourg 47 avenue de la forêt Noire 03 68 85 80 24 www.iep-strasbourg.fr

69 Lyon IEP Lyon 14 avenue Berthelot 04 37 28 38 00 www.sciencespo-lyon.fr

Licences générales

Langues étrangères appliquées (LEA)

• bidisciplinaire lettres appliquées-anglais : Lyon 2 Bron
• droit, langues : Grenoble 2 Grenoble, Grenoble 3 Grenoble, Tours Tours
• droit, LEA : Nantes La Roche-sur-Yon, Nantes Nantes
• droit, science politique, anglais spécialité anglais : Amiens Amiens
• droit - anglais : VSQ Guyancourt
• échanges internationaux : Clermont-Ferrand 2 Clermont-Ferrand
• économie, gestion, langues : Cnam Paris **S** ou **A**, Cnam Saint-Denis **A**, Grenoble 2 Grenoble, Grenoble 3 Grenoble, VSQ Guyancourt
• économie et gestion - langue et civilisation allemandes : Paris 10 Nanterre
• économie et gestion - langue et civilisation anglaises et américaines : Paris 10 Nanterre
• économie et gestion - langue et civilisation espagnoles : Paris 10 Nanterre
• études européennes : Paris 3 Paris
• études européennes et internationales : VSQ Guyancourt
• études européennes et internationales spécialité études européennes anglophones : Clermont-Ferrand 2 Clermont-Ferrand
• études européennes et internationales spécialité études franco-allemandes : Clermont-Ferrand 2 Clermont-Ferrand
• études européennes et internationales spécialité études franco-espagnoles : Clermont-Ferrand 2 Clermont-Ferrand
• études européennes et internationales spécialité études franco-italiennes : Clermont-Ferrand 2 Clermont-Ferrand
• humanités : Paris 10 Nanterre, Strasbourg Strasbourg
• humanités contemporaines : Rouen Mont-Saint-Aignan
• langues du monde et formation appliquée : commerce international : Inalco Paris
• langues du monde et formation appliquée : communication interculturelle et langues du monde : Inalco Paris
• langues du monde et formation appliquée : didactique du français langue étrangère : Inalco Paris
• langues du monde et formation appliquée : relations internationales : Inalco Paris
• langues du monde et formation appliquée : traitement numérique multilingue : Inalco Paris
• langues étrangères appliquées : Aix-Marseille Aix-en-Provence, Aix-Marseille Marseille, Amiens Amiens, Amiens Beauvais, Angers Angers, Antilles-Guyane Cayenne, Antilles-Guyane Saint-Claude, Avignon Avignon, Bretagne occidentale Brest, Bretagne occidentale Quimper, Bretagne Sud Lorient, Caen Caen, Caen Cherbourg-Octeville, Cergy Cergy **S** ou **A**, Champollion Rodez, Clermont-Ferrand 2 Clermont-Ferrand, Corse Corte, Dijon Dijon, Évry Évry, Grenoble 3 Grenoble, Grenoble 3 Valence, Institut catholique de Lyon Lyon, Institut catholique de Toulouse Toulouse, Le Mans Le Mans, Lille 3 Roubaix, Limoges Limoges, Littoral Boulogne-sur-Mer, Littoral Dunkerque, Lorraine Metz, Lorraine Nancy, Lyon 2 Bron, Lyon 3 Lyon, Montpellier 3 Montpellier, Nantes La Roche-sur-Yon, Nantes Nantes, Orléans Châteauroux, Orléans Orléans, Paris 10 Nanterre, Paris 12 Créteil, Paris 13 Villetaneuse, Paris 3 Paris, Paris 4 Paris, Paris 7 Paris, Paris 8 Saint-Denis, Pau Pau, Perpignan Perpignan, Poitiers Poitiers, Rennes 2 Rennes, Saint-Étienne Saint-Étienne, Savoie Chambéry, Strasbourg Strasbourg, Toulon La Garde, Toulouse 2 Toulouse, Tours Tours, UCO d'Angers Guingamp, Université catholique de Lille Lille, UPEMLV Champs-sur-Marne, Valenciennes Valenciennes
• langues étrangères appliquées : langues et management international : Bordeaux 3 Pessac
• langues étrangères appliquées anglais-allemand : Artois Arras, Mulhouse Mulhouse, Reims Reims, Reims Troyes, Rouen Mont-Saint-Aignan
• langues étrangères appliquées spécialité affaires et commerce : Besançon Besançon, Besançon Montbéliard, Nice Nice
• langues étrangères appliquées spécialité anglais-chinois : Artois Arras, La Rochelle La Rochelle
• langues étrangères appliquées spécialité anglais-coréen : La Rochelle La Rochelle
• angues étrangères appliquées spécialité anglais-espagnol : Artois Arras, Mulhouse Mulhouse, Pacifique Faaa, Reims Reims, Reims Troyes, Rouen Mont-Saint-Aignan
• langues étrangères appliquées spécialité anglais-espagnol-portugais : La Rochelle La Rochelle
• langues étrangères appliquées spécialité anglais-indonésien : La Rochelle La Rochelle
• langues étrangères appliquées spécialité anglais-italien : Mulhouse Mulhouse, Rouen Mont-Saint-Aignan
• lettres, langues et sciences humaines : Nantes Nantes, Valenciennes Cambrai, Valenciennes Valenciennes
• licence intégrée franco-allemande en droit : Cergy Cergy
• sciences du langage et langue des signes française : Poitiers Poitiers
• sciences-langues : Clermont-Ferrand 2 Aubière, Clermont-Ferrand 2 Clermont-Ferrand

Langues, littératures et civilisations étrangères (LLCE)

• albanais : Inalco Paris
• allemand : Aix-Marseille Aix-en-Provence, Aix-Marseille Marseille, Amiens Amiens, Artois Arras, Besançon Besançon, Bordeaux 3 Pessac, Bretagne occidentale Brest, Caen Caen, Clermont-Ferrand 2 Clermont-Ferrand, Dijon Dijon, Grenoble 3 Grenoble, Institut catholique de Paris Paris, La Réunion Saint-Denis, Le Mans Le Mans, Lille 3 Villeneuve-d'Ascq, Limoges Limoges, Littoral Boulogne-sur-Mer, Lorraine Metz, Lorraine Nancy, Lyon 2 Bron, Lyon 3 Lyon, Montpellier 3 Montpellier, Mulhouse Mulhouse, Nantes Nantes, Nice Nice, Paris 10

Nanterre, Paris 12 Créteil, Paris 3 Paris, Paris 4 Paris, Paris 8 Saint-Denis, Poitiers Poitiers, Reims Reims, Rennes 2 Rennes, Rouen Mont-Saint-Aignan, Saint-Étienne Saint-Étienne, Strasbourg Strasbourg, Toulouse 2 Toulouse, Tours Tours, UCO d'Angers Angers, Valenciennes Valenciennes

- allemand-histoire de l'art : Institut catholique de Paris Paris
- allemand-lettres modernes : Aix-Marseille Aix-en-Provence
- amharique : Inalco Paris
- anglais : Aix-Marseille Aix-en-Provence, Aix-Marseille Marseille, Amiens Amiens, Antilles-Guyane Schœlcher, Artois Arras, Avignon Avignon, Besançon Besançon, Bordeaux 3 Agen, Bordeaux 3 Pessac, Bretagne occidentale Brest, Bretagne occidentale Quimper, Bretagne Sud Lorient, Caen Caen, Cergy Cergy, Champollion Albi, Clermont-Ferrand 2 Clermont-Ferrand, Corse Corte, Dijon Dijon, Grenoble 3 Grenoble, Grenoble 3 Valence, Institut catholique d'études supérieures La Roche-sur-Yon, Institut catholique de Paris Paris, Institut catholique de Rennes Bruz, La Réunion Saint-Denis, Le Havre Le Havre, Le Mans Le Mans, Lille 3 Villeneuve-d'Ascq, Limoges Limoges, Littoral Boulogne-sur-Mer, Lorraine Metz, Lorraine Nancy, Lyon 2 Bron, Lyon 3 Lyon, Montpellier 3 Montpellier, Mulhouse Mulhouse, Nantes Nantes, Nice Nice, Nîmes Nîmes, Nouvelle-Calédonie Nouméa, Orléans Orléans, Pacifique Faaa, Paris 10 Nanterre, Paris 12 Créteil, Paris 13 Villetaneuse, Paris 3 Paris, Paris 4 Paris, Paris 7 Paris, Paris 8 Saint-Denis, Pau Pau, Perpignan Perpignan, Poitiers Poitiers, Reims Reims, Reims Troyes, Rennes 2 Rennes, Rouen Mont-Saint-Aignan, Saint-Étienne Saint-Étienne, Savoie Chambéry, Strasbourg Strasbourg, Toulon La Garde, Toulouse 2 Toulouse, Tours Tours, UCO d'Angers Angers, UCO d'Angers Arradon, Université catholique de Lille Lille, UPEMLV Champs-sur-Marne, Valenciennes Valenciennes, VSQ Guyancourt
- anglais-allemand : Institut catholique de Paris Paris, Lyon 2 Bron
- anglais-allemand-espagnol : Angers Angers
- anglais-droit : Institut catholique de Rennes Bruz, VSQ Guyancourt
- anglais-espagnol : Bordeaux 3 Pessac, Institut catholique de Paris Paris, Paris 13 Villetaneuse
- anglais-histoire de l'art : Institut catholique de Paris Paris
- anglais-langues asiatiques : Aix-Marseille Aix-en-Provence
- anglais-langues latines : Aix-Marseille Aix-en-Provence
- anglais-langues orientales : Aix-Marseille Aix-en-Provence
- anglais-langues scandinaves : Lyon 2 Bron
- anglais-langues slaves : Aix-Marseille Aix-en-Provence
- arabe : Aix-Marseille Aix-en-Provence, Bordeaux 3 Pessac, Inalco Paris, Lille 3 Villeneuve-d'Ascq, Lorraine Nancy, Lyon 2 Lyon, Lyon 3 Lyon, Paris 13 Villetaneuse, Paris 3 Paris, Paris 4 Paris, Paris 8 Saint-Denis, Rennes 2 Rennes, Strasbourg Strasbourg, Toulouse 2 Toulouse
- arabe-lettres modernes : Aix-Marseille Aix-en-Provence
- arabe maghrébin-arabe oriental : Inalco Paris
- arménien : Inalco Paris
- bengali : Inalco Paris
- berbère : Inalco Paris
- bilingue et biculturelle : Lorraine Nancy
- birman : Inalco Paris
- bosniaque-croate-serbe : Inalco Paris
- bulgare : Inalco Paris
- chinois : Aix-Marseille Aix-en-Provence, Artois Arras, Bordeaux 3 Pessac, Inalco Paris, Lille 3 Villeneuve-d'Ascq, Lyon 3 Lyon, Montpellier 3 Montpellier, Paris 7 Paris, Poitiers Poitiers, Rennes 2 Rennes, Strasbourg Strasbourg, Toulouse 2 Toulouse
- coréen : Inalco Paris, Paris 7 Paris
- danois : Lille 3 Villeneuve-d'Ascq
- dréhu : Inalco Paris
- espagnol : Aix-Marseille Aix-en-Provence, Aix-Marseille Marseille, Amiens Amiens, Antilles-Guyane Schœlcher, Artois Arras, Avignon Avignon, Besançon Besançon, Bordeaux 3 Agen, Bordeaux 3 Pessac, Bretagne occidentale Brest, Bretagne occidentale Quimper, Bretagne Sud Lorient, Caen Caen, Cergy Cergy, Champollion Albi, Clermont-Ferrand 2 Clermont-Ferrand, Corse Corte, Dijon Dijon, Grenoble 3 Grenoble, Institut catholique de Paris Paris, La Réunion Saint-Denis, Le Mans Le Mans, Lille 3 Villeneuve-d'Ascq, Limoges Limoges, Littoral Boulogne-sur-Mer, Lorraine Metz, Lorraine Nancy, Lyon 2 Bron, Montpellier 3 Béziers, Montpellier 3 Montpellier, Nantes Nantes, Nice Nice, Nîmes Nîmes, Orléans Orléans, Paris 10 Nanterre, Paris 12 Créteil, Paris 13 Villetaneuse, Paris 3 Paris, Paris 4 Paris, Paris 8 Saint-Denis, Pau Pau, Perpignan Perpignan, Poitiers Poitiers, Reims Reims, Rennes 2 Rennes, Rouen Mont-Saint-Aignan, Saint-Étienne Saint-Étienne, Savoie Chambéry, Strasbourg Strasbourg, Toulon La Garde, Toulouse 2 Toulouse, Tours Tours, UCO d'Angers Angers, Université catholique de Lille Lille, UPEMLV Champs-sur-Marne, Valenciennes Valenciennes, VSQ Guyancourt
- espagnol-histoire de l'art : Institut catholique de Paris Paris
- espagnol-lettres modernes : Aix-Marseille Aix-en-Provence
- espagnol-portugais : Lyon 2 Bron
- estonien : Inalco Paris
- études nord européennes : Strasbourg Strasbourg
- filipino : Inalco Paris
- finnois : Inalco Paris
- géorgien : Inalco Paris
- grec moderne : Inalco Paris, Montpellier 3 Montpellier
- haoussa : Inalco Paris
- hébreu : Lille 3 Villeneuve-d'Ascq, Lorraine Nancy, Paris 3 Paris, Paris 4 Paris, Paris 8 Saint-Denis, Strasbourg Strasbourg
- hébreu moderne : Inalco Paris
- hindi : Inalco Paris
- hongrois : Inalco Paris
- indonésien-malais : Inalco Paris

A : statut de l'élève "apprenti"
S : statut de l'élève "scolaire"

- islandais : Caen Caen, Paris 4 Paris
- italien : Aix-Marseille Aix-en-Provence, Avignon Avignon, Besançon Besançon, Bordeaux 3 Pessac, Caen Caen, Clermont-Ferrand 2 Clermont-Ferrand, Corse Corte, Dijon Dijon, Grenoble 3 Grenoble, Lille 3 Villeneuve-d'Ascq, Lorraine Nancy, Lyon 3 Lyon, Montpellier 3 Montpellier, Mulhouse Mulhouse, Nantes Nantes, Nice Nice, Paris 10 Nanterre, Paris 3 Paris, Paris 4 Paris, Paris 8 Saint-Denis, Poitiers Poitiers, Rennes 2 Rennes, Saint-Étienne Saint-Étienne, Savoie Chambéry, Strasbourg Strasbourg, Toulouse 2 Toulouse, Tours Tours
- italien-lettres modernes : Aix-Marseille Aix-en-Provence
- japonais : Aix-Marseille Aix-en-Provence, Bordeaux 3 Pessac, Inalco Paris, Lille 3 Villeneuve-d'Ascq, Lyon 3 Lyon, Paris 7 Paris, Strasbourg Strasbourg, Toulouse 2 Toulouse
- japonais-lettres modernes : Aix-Marseille Aix-en-Provence
- khmer : Inalco Paris
- khurde : Inalco Paris
- langues, traduction et médiation : Poitiers Poitiers
- langues d'Europe centrale : Paris 4 Paris
- langues et histoire : Paris 10 Nanterre
- langues et interculturalité : Strasbourg Strasbourg
- lao : Inalco Paris
- letton : Inalco Paris
- lituanien : Inalco Paris
- macédonien : Inalco Paris
- malgache : Inalco Paris
- mandingue : Inalco Paris
- mongol : Inalco Paris
- néerlandais : Lille 3 Villeneuve-d'Ascq, Paris 4 Paris
- népali : Inalco Paris
- ourdou : Inalco Paris
- pashto : Inalco Paris
- persan : Inalco Paris, Strasbourg Strasbourg
- peul : Inalco Paris
- polonais : Inalco Paris, Lille 3 Villeneuve-d'Ascq, Lorraine Nancy, Paris 4 Paris, Toulouse 2 Toulouse
- portugais : Aix-Marseille Aix-en-Provence, Aix-Marseille Marseille, Bordeaux 3 Pessac, Clermont-Ferrand 2 Clermont-Ferrand, Grenoble 3 Grenoble, Lille 3 Villeneuve-d'Ascq, Lorraine Nancy, Lyon 2 Bron, Montpellier 3 Montpellier, Paris 10 Nanterre, Paris 3 Paris, Paris 4 Paris, Paris 8 Saint-Denis, Poitiers Poitiers, Rennes 2 Rennes, Toulouse 2 Toulouse
- portugais-lettres modernes : Aix-Marseille Aix-en-Provence
- roumain : Aix-Marseille Aix-en-Provence, Inalco Paris
- roumain-lettres modernes : Aix-Marseille Aix-en-Provence
- rromani : Inalco Paris
- russe : Aix-Marseille Aix-en-Provence, Bordeaux 3 Pessac, Caen Caen, Clermont-Ferrand 2 Clermont-Ferrand, Grenoble 3 Grenoble, Inalco Paris, Lille 3 Villeneuve-d'Ascq, Lorraine Nancy, Lyon 3 Lyon, Paris 4 Paris, Paris 8 Saint-Denis, Rennes 2 Rennes, Strasbourg Strasbourg, Toulouse 2 Toulouse
- russe-lettres modernes : Aix-Marseille Aix-en-Provence
- sanskrit : Paris 3 Paris
- serbe-croate-bosniaque : Paris 4 Paris
- siamois : Inalco Paris
- singhalais : Inalco Paris
- slovaque : Inalco Paris
- slovène : Inalco Paris
- swahili : Inalco Paris
- tamoul : Inalco Paris
- tchèque : Inalco Paris
- telougou : Inalco Paris
- tibétain : Inalco Paris
- turc : Inalco Paris, Strasbourg Strasbourg
- ukrainien : Inalco Paris
- vietnamien : Inalco Paris, Paris 7 Paris
- wolof : Inalco Paris
- yoruba : Inalco Paris

Langues et cultures régionales (LCR)

- basque : Bordeaux 3 Pessac, Pau Bayonne
- breton : Bretagne occidentale Brest, Rennes 2 Rennes
- catalan : Aix-Marseille Aix-en-Provence, Perpignan Perpignan, Toulouse 2 Toulouse
- corse : Corse Corte
- créole : Antilles-Guyane Schœlcher, La Réunion Saint-Denis
- langue d'Oc : Nice Nice
- langues océaniennes : Nouvelle-Calédonie Nouméa
- langues polynésiennes : Pacifique Faaa
- occitan : Montpellier 3 Montpellier, Toulouse 2 Toulouse
- tahitien : Inalco Paris

Parcours langue des signes française (LSF)

- langues étrangères appliquées : Toulouse 2 Toulouse
- lettres : Lille 3 Villeneuve-d'Ascq
- sciences du langage : Lille 3 Villeneuve-d'Ascq, Paris 8 Saint-Denis, Rouen Mont-Saint-Aignan
- sciences du langage et langue des signes française : Poitiers Poitiers
- sciences et métiers de l'éducation et de la formation : Lille 3 Villeneuve-d'Ascq
- sciences sanitaires et sociales : Université catholique de Lille Lille

Licences pro

Activités et techniques de communication spécialités :

- traduction, interprétation : Perpignan Perpignan
- information design et rédaction technique : Limoges Limoges
- rédacteur technique : Paris 7 Paris **A**
- traduction, interprétation : Perpignan Perpignan

Commerce spécialités :

- achat et commercialisation des produits

industriels à l'international : Reims Charleville-Mézières
• achat et logistique : Nouvelle-Calédonie Nouméa
• achats et vente à l'international : Lyon 1 Villeurbanne
• adjoint de responsable export : Paris 8 Saint-Denis
• affaires internationales : Savoie Annecy-le-Vieux A
• assistant de gestion import export : Toulouse 3 Auch
• assistant commercial export trilingue : Caen Cherbourg-Octeville
• assistant export trilingue : Bretagne Sud Lorient, Grenoble 3 Valence A, UCO d'Angers Arradon
• assistant export-import : Amiens Amiens
• attaché au développement international des organisations : Besançon Montbéliard A
• collaborateur des activités internationales : Lycée Carcado Saisseval Paris, Paris 4 Paris A
• commercial dans l'environnement européen : Strasbourg Illkirch-Graffenstaden A
• commercialisation à l'international des produits issus des agro ressources : Reims Reims
• développement international des PME-PMI : Bordeaux 3 Pessac
• développement commercial international de la PME-PMI : Saint-Étienne Saint-Étienne A
• développement et gestion d'une clientèle de professionnels -produits techniques : Poitiers Châtellerault A
• gestion de flux internationaux des PME/PMI, achats, ventes, négociation internationale : Institution Guynemer Compiègne, Littoral Dunkerque, LP St-Luc La Sagesse Cambrai, Lycée Saint-Jude Armentières, Université catholique de Lille Lille
• gestionnaire import-export : Le Mans Laval, Rennes 1 Rennes
• import export des PME-PMI : Aix-Marseille Marseille
• import export échanges internationaux : Paris 12 Lieusaint A
• import-export (commerce international) : Aix-Marseille Aix-en-Provence
• logistique de distribution : Pau Bayonne
• management des achats et des ventes à l'international : Lorraine Nancy A
• management des échanges internationaux : gestion, transport, logistique à l'international : Ensemble scolaire Isaac de l'Étoile Poitiers, Poitiers Poitiers
• marketing et marketing international : Paris 11 Sceaux A
• négociation commerciale et marchés européens : Rouen Rouen A
• responsable d'activités import-export : Lycée Ste-Marguerite Chambray-lès-Tours, Tours Tours
• technico-commercial en commerce international : Cergy Cergy A

Gestion de la production industrielle spécialités :
• chargé d'affaires à l'international : Paris 6 Paris A
• logistique de distribution et commerce international : Paris 8 Tremblay-en-France A

Guide-conférencier : Angers Angers, Clermont-Ferrand 2 Clermont-Ferrand, Corse Corte, Lyon 2 Bron, Paris 10 Nanterre, Perpignan Perpignan, Rennes 2 Rennes, Toulouse 2 Foix, UPEMLV Serris A

Logistique spécialités :
• distribution et transports internationaux : Besançon Vesoul A
• gestion de la chaîne logistique internationale des produits agroalimentaires : Évry Évry A
• gestion des partenariats logistiques : Nantes Saint-Nazaire A
• management de la logistique : Reims Reims

Management des organisations spécialités :
• collaborateur des activités internationales : Valenciennes Valenciennes
• développement transfrontalier des PME : Lorraine Cosnes-et-Romain
• management de la relation client Europe : Nantes Nantes
• management de la PME et développement à l'international : Lyon 1 Villeurbanne A
• management des projets commerciaux à l'international : Bordeaux 4 Bordeaux A

Écoles spécialisées

Esit

École supérieure d'interprètes et de traducteurs 75016 Paris 01 44 05 42 05 Public www.univ-paris3.fr/esit

• Master Sciences humaines et sociales mention sciences du langage spécialité sciences de la traduction et de l'interprétation. Durée : 2 ans. A

Estice

International Business School 59000 Lille 03 20 54 90 90 Pr reconnu www.estice.fr
- Certificat de l'École supérieure de transactions internationales et de commerce extérieur. Durée : 5 ans. Coût total : 19 900 €.

Estri

École supérieure de traduction et relations internationales 69286 Lyon 04 72 32 50 40 Pr reconnu www.estri.fr
• DU attaché(e) de relations internationales traduction. Durée : 3 ans. Coût total : 14 970 €.
• DU métiers de la traduction mention traduction spécialisée et interprétation de liaison. Durée : 2 ans. Coût total : 9 980 €.
• DU métiers de relations internationales mention relations publiques franco-chinoises. Durée : 2 ans.
• DU métiers des relations internationales mention management interculturel, communication et événementiel. Durée : 2 ans. Coût total : 9 980 €.

HEI HEP

Hautes Études internationales-Hautes Études politiques 75008 Paris 01 47 20 57 47 Pr Hc www.hei-hep.com

A : statut de l'élève "apprenti"
Pr Hc : privé hors contrat
Pr Sc : privé sous contrat

• Diplôme de l'école des hautes études internationales. Durée : 3 ans. Coût total : 18 450 €.

• Mastère en affaires internationales. Durée : 1 an. Coût total : 7 150 €.

• Mastère en études stratégiques et politique de défense. Durée : 1 an. Coût total : 7 150 €.

• Mastère en fonction publique internationale. Durée : 1 an. Coût total : 7 150 €.

• Mastère en gestion de programme humanitaire. Durée : 1 an. Coût total : 7 150 €.

• Mastère gouvernance et politique de développement. Durée : 1 an. Coût total : 7 150 €.

■ Ileri-Ileci

Institut d'études des relations internationales 75017 Paris 01 40 53 00 44 Pr Hc www.ileri.fr

• Bachelor en relations internationales. Durée : 3 ans. Coût total : 20 900 €.

• Managers de projets internationaux. Durée : 1 an. Coût total : 10 100 €.

• Relations internationales (Ileri). Durée : 2 ans. Coût total : 17 910 €. **A**

■ IPLV

Institut de perfectionnement en langues vivantes UCO 49008 Angers 02 41 81 66 31 Pr Sc www.uco.fr

• Master arts, lettres, langues mention didactique des langues spécialité FLE, médias et francophonie Durée : 2 ans. Coût total : 7 200 €.

• Master pro arts, lettres, langues mention langues étrangères, affaires et commerce spécialité langues, communication interculturelle et stratégie d'entreprise Durée : 2 ans. Coût total : 7 200 €.

• Master pro arts, lettres, langues mention lettres et langues spécialité métiers de la traduction. Durée : 2 ans. Coût total : 7 200 €.

• Master rech. arts, lettres, langues mention didactique des langues spécialité français langue étrangère, médias et francophonie Durée : 2 ans. Coût total : 7 200 €.

• Master rech. arts, lettres, langues mention lettres et langues spécialité interculturalité langues et cultures Durée : 2 ans. Coût total : 7 200 €.

• Responsable du développement commercial à l'import-export. Durée : 1 an. Coût total : 3 600 €.

■ Iris-Sup'

Institut de relations internationales et stratégiques 75011 Paris 01 53 27 60 60 Pr Hc www.iris-sup.org

• Relations internationales. Durée : 2 ans. Coût total : 10 900 €.

■ Isit

Institut de management et de communication interculturels 75006 Paris 01 42 22 33 16 Pr reconnu www.isit-paris.fr

• Diplôme de juriste linguiste. Durée : 4 ans. Coût total : 12 788 €.

• Diplôme de traducteur. Durée : 5 ans. Coût total : 34 838 €. **A**

• Diplôme d'interprète de conférence. Durée : 2 ans. Coût total : 11 181 €.

• Droit affaires européennes et internationales. Durée : 2 ans.

• Traduction spécialisée. Durée : 1 an. Coût total : 4 612 €.

■ Itiri

Institut de traducteurs, d'interprètes et de relations internationales 67084 Strasbourg 03 68 85 66 80/8 Public itiri.unistra.fr

• Master arts, lettres, langues mention langues et interculturalité spécialité relations internationales et langues. Durée : 2 ans **A**

• Master arts, lettres, langues mention langues et interculturalité spécialité traduction professionnelle et interprétation. Durée : 2 ans.

Écoles de commerce du concours Sésame

■ BBA Essec

Essec programme Bachelor in Business Administration 95021 Cergy 01 34 43 31 81 Consulaire www.essec.fr/programmes/bachelor-in-business-administration.html

■ Cesem

Reims Management School programme Cesem 51061 Reims 03 26 77 47 47 Pr reconnu www.reims-ms.fr

■ EM Normandie

École de management de Normandie 14052 Caen 02 31 46 78 78 Pr reconnu www.em-normandie.fr

■ Esce

École supérieure du commerce extérieur 69008 Lyon 04 78 75 74 13 Pr reconnu www.esce.fr

■ IFI-BSc in International Business

Rouen Business School programme IFI BSc in International Business 76130 Mont-Saint-Aignan 02 32 82 57 00 Pr reconnu www.rouenbs.fr

■ Kedge Business School CeseMed

Kedge Business School programme CeseMed 13288 Marseille 04 91 82 78 00 Pr reconnu www.kedgebs.com

■ Kedge Business School EBP international

Kedge Business School EBP international 33405 Talence 05 56 84 63 43 Pr reconnu www.kedgebs.com

A : statut de l'élève "apprenti"
Pr Hc : privé hors contrat
Pr Sc : privé sous contrat

A-B

C

D-G

I

J-L

M-O

P-S

T-V

onisep • **Office national d'information sur les enseignements et les professions** • Ministère de l'Éducation nationale • Ministère de l'Enseignement supérieur et de la Recherche • Publication de l'Onisep : © Onisep août 2013 • **Directeur de la publication :** George Asseraf • **Directrice adjointe de la publication :** Marie-Claude Gusto • **ÉDITIONS > Direction Cross-Média :** Isabelle Dussouet, Arielle Girot, Michel Muller • Rédactrice en chef : Nelly Burgaleta • Secrétariat de rédaction : Julien Retaillaud • Rédaction : Olivia Audemar, Élodie Thivard, Audrey Weymann • Correction : Valérie Doineau • **RESSOURCES DOCUMENTAIRES > Directeur du département :** Gilles Foubert • Documentation : Pierre Martin • Ingénierie documentaire : Stéphanie Benchabane • **FABRICATION > Directrice :** Marie-Christine Jugeau • Photogravure : Key Graphic (Paris) • Imprimeur : Jouve (Mayenne), sur papier certifié PEFC sous le n° licence PEFC/10-31-1316 • **STUDIO > Directeur artistique :** Bruno Delobelle • Maquette et mise en pages : Isabelle Sénéchal • Iconographe : Béatrice Faveur • Reportage photo : Grégoire Maisonneuve • Photo de couverture, copyright : iStockphoto.com • **DIFFUSION ET COMMERCIALISATION >** Onisep VPC - 12, mail Barthélemy-Thimonnier, Lognes - 77437 Marne-la-Vallée Cedex 2 • Internet : onisep.fr/lalibrairie • Relations clients : service_clients@onisep.fr • Diffusion-distribution Belin : 501144 • Code de diffusion Onisep : 901144 • ISSN : code collection 1765-9329 • ISBN papier : 978-2-273-01144-0 • ISBN numérique : 978-2-273-01155-6 • **PUBLICITÉ >** MISTRAL MEDIA - 365, rue de Vaugirard - 75015 Paris - Tél. : 01 40 02 99 00 Directeur général : Luc Lehéricy (luc.lehericy@mistralmedia.fr) - Directeur commercial : Vivian Favro (vivian.favro@mistralmedia.fr) • Plan de classement Onisep : RIC 50 00 • **Le kiosque :** Sciences humaines • **Dépôt légal :** août 2013